그림자를 옮기는 바람

청풍명월의 심상지도

# 그림자를 옮기는 바람

김덕근

nol
bok

| 추천사 |

# 온몸의 감각을 열고
― 『그림자를 옮기는 바람』에 부쳐

임기현(충북연구원 충북학연구소 소장)

   정보매체의 발달로 하나의 지역이 전 지구 사람들과 직접 대면하는 시대가 되었다. 고유한 이야기를 갖지 못한 지역은 세상 사람들에게 그냥 스쳐 지나가는 이미지가 되어 잊히고 만다. 그러므로 세상 사람들에게 공감을 얻고 감동까지 주는 지역만의 이야기가 있다면, 문화콘텐츠 시대 더 바랄 나위 없는 지역의 소중한 자산이 될 것이다.
   물론 이러한 지역만의 고유한 이야기는 그 지역에 든든히 뿌리내리고 그 지역을 '애정하지' 않는 이에게는 잘 보이지도 않고 들리지도 않는다. 필자는 느린 걸음으로 충북의 산길, 물길, 고갯길을 찾아 온몸의 감각을 열고 대면한다. 돌덩이에 영혼을 불어넣는 석공 장인처럼, 충북의 산천과 초목, 유적, 유물에 생명을 불어넣는다. 발길 닿는 곳마다 고금을 관통하여 그곳에 살던 사람과 그 장소를 찾은 사람들을 소환하고, 그들이 들려주는 이야기와 시로 교감한다. 그러고는 시인의 감성으로 한 폭 아름다운 풍경화를 그려 놓는다. 이제 시인과 동행한 그 길은 더 이상 옛길이 아니라 역사와 문화가 살아 생동하는 새 길이 된다. 현명한 독자는 그 길 위에서 미래로 난 아르카디아(Arcadia)의 또 다른 길을 엿볼 수도 있을 것이다.

 나는 이 책을 접하면서 김덕근 시인이 왜 野人으로 바람이 되어 떠도는지 알게 되었다. 굳이 자동차를 멀리하고 두 발을 의지해서 사는지도 말이다. 덕분에 그는 부박한 시대 속도와 성급한 성과주의자가 볼 수 없는 또 다른 세계를 보고 산다. 우리가 볼 수 없는 연풍향교 대성전 뒷산에서 별처럼 내려오는 냉이꽃의 군무도 보고, 진천 영수사 괘불에서 딴전을 피우는 작은 '화불'도 본다. 그는 바람의 소리를 듣고, 정적의 위의를 느낄 줄 아는 이 시대의 드문 아날로그형 인간이다. 가쁜 숨 몰아쉬며 달려가는 우리는, 그래서 그의 글을 읽는 것만으로 큰 위안이 된다.

 따라서 김덕근 시인의 이 책은 정서와 지리가 교감하는 사유의 심상 지리서라 할 수 있다. 무엇보다 고증에 충실하면서도 시인의 상상력이 밀어 올릴 수 있는 가장 고점의 충북 인문 기행서가 아닐까 한다. 그가 낸 길을 따라 여정을 함께 하다 보면 우리가 왜 충북의 사람인지, 그 근원적인 질문에 대한 답을 조금이라도 할 수 있지 않을까 생각해 본다.

| 서문 |

## 장소가 말을 걸어올 때

    청풍명월의 고향 충북, 그 물길과 고갯길을 따라 걸었습니다. 제천에서 단양, 그리고 영동까지 이어진 여정은 단순한 발걸음이 아니라 장소와의 대면이었습니다.
    현장에서 마주한 것들은 그저 기록된 유산이 아니었습니다. 살아 있는 존재였고, 말을 걸어오는 사물들이었습니다.
    문학지리학과 심상지리학의 시선으로 장소와 사람, 그리고 그 사이를 흐르는 시간의 흔적들을 바라보려 했습니다. 거창한 학문이 아닙니다. 그저 장소에 담긴 이야기를, 그곳을 스쳐간 사람들의 언어를 읽는 일입니다. 심상지리학은 한 걸음 더 나아가 내가 느낀 감각, 내 안에 새겨진 장소의 인상을 펼쳐보는 일입니다.
    장소는 언제나 사람을 부릅니다. 때로는 무장소성으로 잊혀진 공간에서도 어딘가 누군가를 호명하고 있었습니다. 사라져가는 것들, 길 위에서 만난 날것의 풍경들, 그 사물들과의 조우에서 나는 서정의 언어로 응답하고자 했습니다.

오래된 부도 하나, 강가의 바위 하나, 고갯길의 나무 한 그루. 그것들은 침묵하고 있었습니다. 그러나 그 침묵 속에서 무언가가 끊임없이 말을 걸어오고 있었습니다. 나는 그들이 건네는 언어를 포착하고 싶었습니다. 그래서 그곳에 깃든 시인들의 언어를 찾아 읽고, 내 방식으로 응답하며 대화를 이어갔습니다.

현존하는 것과 살아남은 것의 만남. 그것은 단지 과거를 기념하는 일이 아니었습니다. 지금 여기서 우리가 어떤 감각을 되찾을 수 있는가의 문제였습니다.

장소는 경관이 아닙니다. 기억이고 관계이며, 끊임없이 우리를 시험하는 이야기입니다.

각 장에 담긴 장소들은 혼자만의 경험으로 닫아두고 싶지 않았습니다. 독자도 언젠가 그 자리에 서서, 그곳의 공기와 빛, 시간을 직접 느끼길 바랍니다. 시인의 언어와 나의 시선은 그저 길잡이일 뿐, 장소의 진짜 의미는 그곳에 닿은 이의 감각 속에서 비로소 살아날 것입니다.

이 글을 읽으면서 언젠가 그 자리에 서게 된다면 좋겠습니다. 그곳의 사물들이 또 다른 누군가에게도 말을 걸어올 것입니다. 그때 당신만의 언어로 응답해 보십시오. 그것이 이 책이 바라는 전부입니다.

책이 나오기까지 많은 분들의 격려가 있었습니다. 무엇보다 시 전문지 《딩아돌하》의 연재 제안이 없었다면, 이 글은 세상에 닿지 못했을지도 모릅니다. 충북작가회의 동료들의 응원은 여전히 나의 뒤를 밀어주는 바람입니다.

부족한 글을 거듭 보태고 깁는 동안, 드러나는 모든 흠결은 오롯이 제 몫입니다. 그러나 언젠가, 또 다른 이들이 이 장소들을 다시 쓰고 쌓아가리라 믿습니다. 그리하여 충북의 사물과 장소가 말 걸어오는 풍경이 계속 이어지길 바랍니다.

청주 용바윗골 구마재에서
2025년 겨울

**차례**

추천사

서문

### 제1장 길 위의 숨결

금병산은 알고 있다　14
-제천 청풍면, 한벽루

인(仁)을 품어 따뜻함이 공존하는 곳　25
-보은 회인면 피반령, 인산객사

물이 모여 만든 좋은 기억　36
-영동 황간 월유봉, 가학루

바람이 왔다 갔으니　45
-제천 박달재

### 제2장 머무는 공존

순명의 집 감곡성당　54
-매괴성모순례지성당

길은 멀고 미륵은 안거하고　65
-충주 하늘재, 미륵대원지 석조여래입상

소멸하지 않은 신호를 교신하는 곳　75
-청주 남석교

괴강에서 보내는 편지　86
-구곡의 나라 괴산

## 제3장 바람의 경전

도담을 비우니, 삼봉사원이 오고   104
 -단양 도담삼봉

장엄으로 펴는 바람의 경전   117
-진천 두타산 영수사 영산회괘불탱

탑이 있지, 붉은 벽의 전탑   128
 -청주 탑동 5층 석탑, 탑동 양관

법화의 법은 모르더라도   138
 -괴산 연풍면 원풍리 마애이불병좌상

## 제4장 느린 기다림

물길과 산길이 만나 다시 물길을 여네   148
 -충주 목계나루, 가흥창

도당산은, 문산관을 기다리지   159
 -청주 문의면 문산관

묻지 않아도 은행나무는 안다   169
 -영동 영국사 원각국사탑비

산으로 올라간 쌍둥이 석탑   182
 -옥천 용암사 동서 삼층석탑

제1장
# 길 위의 숨결

# 금병산은 알고 있다
-제천 청풍면, 한벽루

청풍명월(淸風明月)의 본향은 제천 청풍입니다. 충청지역이 청풍명월이라 불리게 된 것은 '청풍'이라는 지역명과 관계있습니다. 청풍명월은 맑은 바람과 밝은 달이라는 뜻으로 평안하고 무심한 상태, 본래 자연의 상태이지요. 글자 하나가 모여 풍류와 선계가 담겨있는 묘한 문장을 만듭니다. 엄혹한 세상일수록 사람들은 자연을 통해 조화와 균형의 지혜를 찾습니다.

성혼(成渾, 1535~1598)의 시조 '값 없는 청풍이요, 임자 없는 명월이라'에서 청풍과 명월은 무욕의 자리를 묻습니다. 무위자연에 '없다', '있다'는 분별의 자리를 말하지 않아도 됩니다. 바람과 달이 공평무사하더라도 시인에게 여러 겹 이미지로 모양을 내는 건 어쩌면 '청풍'이라는 지명 때문입니다.

바람을 찍는 작가 김영갑이 청풍을 알았더라면 내륙의 바다에서 상상 이어도와 같은 청풍의 바람을 찍지 않았을까요. 청풍 앞을 흐르던 물길을 청풍 사람들은 청풍강이라 했습니다. 물길에 지역 장소명이 들어가는 것은 강물의 줄기가 '파'(巴)자 모양이기 때문입니다.

조선 선비에게 남한강 물길 따라 거슬러 올라 사군산수(四郡山水)를 유람하는 것은 시대의 로망이었습니다. 한양에서 시작해 청풍, 단양, 제천, 영월을 돌아오는 여정은 '지자요수(知者樂水) 인자요산(仁者樂山)'을 직접 체득하는 배움의 자리였지요. 사군산수의 일주문이라 할 수 있는 목계나루를 지나 북진나루가 있는 청풍에 오면 청량한 바람을 맞이할 수 있습니다. 흔히 바람이 들어가는 지명은 바람이 많이 부는 장소로 매섭고 차가운 바람의 성질이 있지만 청풍의 바람은 좌정해 있는 산에서 강물을 가로질러 내려와 순풍의 청량함을 선물합니다.

사군 가운데 청풍이 가장 많이 시가로 불렸으니, 묘한 매력을 지닌 장소입니다. 수륙 교통의 요지인 북진나루에는 단양, 충주는 물론 멀리 서울까지 연결하는 배가 있었지요. 짐배와 소금배가 끊어진 후에도 북진나루, 읍리나루, 황석나루, 버들구미나루 등이 남아 있어서, 학생들은 강을 건너 통학하고 어른들은 나무를 해다 장에 팔기도 했습니다. 대처에 나가려면 반드시 배를 타야 했지요. 심지어 버스까지 배를 타고 강을 건넜으니까요. 청풍 사람들에게 나룻배는 청풍강을 이어주는 다리였고 만나고 헤어지는 기약 없는 약속의 장소이기도 했습니다. 청풍다리는 야속하게도 충주댐 건설 후 마을이 비워진 다음에야 놓여졌습니다.

소금배, 떼배가 들려 선부, 떼꾼, 짐꾼이 한창일 때 100여 척 이상 정박했던 북진나루를 상상하는 것만으로 가슴 벅찹니다. 철도와 도로가 생기기 전 청풍은 내륙으로 물류가 유통되는 종점 나루여서, 넓은 모래밭에서 화물이 모두 팔릴 때까지 머물렀습니다. 해방 전후까지 소금배가 들어왔습니다.

청풍은 조선시대 충청도 유일의 도호부로서 산곡(山谷)에 자리한 읍치였습니다. 강을 따라 배산임수의 지형에 자리 잡은 관아는 중심이 되는 진산인 남산을 중앙에 두고 위치해 있습니다. 옛 지도를 보면 관아건물이 청풍강 변을 따라 있음을 알 수 있는데, 가장 눈에 띄는 건물은 관아의 누각인 한벽루였습니다. 관아는 후에 청풍초등학교 교실과 운동장으로, 팔영루는 교문으로 사용되기도 했습니다.

청풍의 명소는 한벽루였습니다. 청풍에 들른다는 것은 이 누각 때문이라 해도 과언이 아닙니다. 한벽루 제영시집을 엮어도 부족하지 않을 정도입니다. 시문학 산실이었던 한벽루에서 자연과 소통하고 감흥을 나누는 선비 묵객의 교류장소였지요. 여유가 있는 선비는 화공에게 화첩을 그리게 하여 감흥을 되새겨 보거나 사람들에게 자랑했을 것입니다.

청풍, 다시 불러보고 싶은 이름입니다. 충주댐을 건설하면서 마을 전부가 물에 잠겨서 그럴까요. 한벽루는 물태리 망월산자락에 옮겨 세웠지만, 장소 상실의 아픔은 위로할 수 없습니다. 청풍강 변에 있어야 귀티가 나는 멋진 모습을 볼 수 있을 텐데, 이제는 옛 사진과 기록을 통해서 짐작할 수밖에 없습니다.

아무리 그 조각을 잘 맞춘다 해도, 고향을 잃고 다시 돌아갈 수 없는 청풍 사람처럼 또렷하게 기억할 수는 없겠지요. 제천사람들은 그래서인지 충주호를 청풍호라고 부릅니다. 청풍명월로를 달려도 청풍은 없습니다. 해발 145m 밑으로 수장된 뒤 내륙의 바다가 생겨 다도해 같은 섬들이 여기저기 있습니다. 하늘에서 내려다보면 산줄기가 용의 발톱처럼 보입니다. 호수가 만들어낸 풍광들이 제자리를 만들어가는 시간, 물속의 청풍을 떠올리는 때입니다.

일찍이 한벽루는 호서 제일의 누각이었습니다. 밀양의 영남루가 영남 제일이고 남원 광한루가 호남 제일이었던 것처럼. 호사가들은 진주 촉석루를 넣기도 합니다. 남학명(南鶴鳴, 1654~1722)은 「유사군기」에서 한벽루는 산수와 가장 잘 어울리는 누정이라면서 팔도 누정을 품평하며 다른 지역 누각의 아쉬움을 말합니다. 그는 많은 누각들이 저마다의 자리에 서서 기이한 승경을 보여주거나 웅혼하고 화려해서 인간 세상의 경치를 보여준다 하더라도 청풍의 한벽루는 무결점이라고 했습니다.

한벽루는 뒤로 큰 산에 의지하면서 좌우로 확 트여 시원하고 넓이가 적당해서 좋습니다. 앞쪽 봉우리는 높지도 낮지도 않고 관터와 살림집 사이에 있으면서 "시끄러운 소리가 절로 끊어졌고 속세의 이익을 따지지 않는 더러움이 없는 곳"입니다. 한벽루에 올라야 청풍강의 풍광을 잘 볼 수 있고, 한밤 달빛 서정의 푸근함과 은은함을 느낄 수 있었기 때문이지요. 『조선환여승람(朝鮮寰輿勝覽)』에 의하면 한벽루는 강 건너 금병산 바람굴에서 시원한 바람이 부니 차갑고(寒), 금

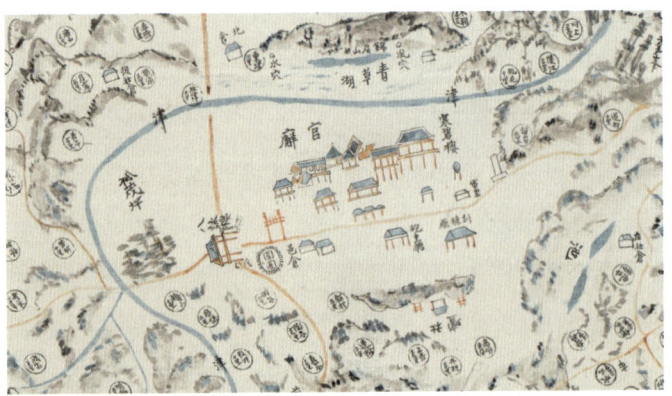

청풍부팔면(1872) 가장 큰 관아건물이 한벽루다. ⓒ규장각

병산 물구멍에서 찬물이 솟구쳐 담소를 이룬 청초호는 푸름(碧)으로 한벽루의 제호를 얻게 되었다고 합니다.

한벽루(寒碧樓)는 객관 동쪽 언덕에 있다. 객관으로부터 동헌은 구불구불 이어져 서쪽의 응청각(凝淸閣)과 서로 연결되어 있다. 또 동쪽의 한벽루까지 복도를 만들었다. 한벽루는 고려시대부터 이미 있었으며, 기이한 경치로 호서(湖西)를 독점하여 그 승취와 절경을 이루 다 기록할 수가 없다. 대개 그 처한 땅이 강에 맞닿아 우뚝 솟아있으며, 깊은 골짜기 궁벽진 곳이어서 사방이 산으로 둘러싸여 있다. 맑은 강 한 줄기가 난간을 감싸 안고, 흐르는 강물은 맑아 강바닥의 암석, 물고기, 자라가 선명하여 모두 헤아릴 수가 있다. 강의 너머에는 흰 모래 언덕과 푸른 풀이 덮인 제방이 있으며, 또 그 너머에는 위쪽으로 앵무주(鸚鵡洲)가 있고 아래로는 청초호(靑草湖)가 있다. 또 그 너머에 병산(屛山) 한 면의 푸른 절벽은 높이가 수 장, 길이가 수리인데 남쪽으로 한벽루를 품고 있다.

- 「상유사군산수기」

사양재(四養齋) 강호부(姜浩溥, 1690-1778)가 쓴 18세기 청풍 한벽루입니다. 객관, 동헌, 응청각이 한벽루와 강을 두고 일렬로 서 있고, '기이한 경치'여서 기록할 수 없을 정도의 풍광이었으니 그 감흥을 그냥 둘 수 없는 거지요. '산으로 사방으로 둘러싸인 자리', '맑은 강물', '흰 모래 언덕', '푸른 풀이 덮인 제방'이 이름 그대로의 청풍입니다. 한벽루를 '한벽의 선경을 독차지하고/ 맑고 호방하게 서 있는 누대'라며 고산 윤선도는 선경에 넣을 정도였습니다.

| | |
|---|---|
| 물빛은 너무 맑아 거울인가 거울 아닌가 | 水光澄澄鏡非鏡 |
| 산 기운은 곱게 서려 연기인가 연기 아닌가 | 山氣藹藹煙非煙 |
| 찬 물 푸른 산이 서로 엉겨 한 고을 이루었는데 | 寒碧相凝作一縣 |
| 맑은 바람은 만고에 전하는 사람 없네 | 清風萬古無人傳 |

- 주열(朱悅), 「청풍 객사 한벽헌」

| | |
|---|---|
| 가을 지나니 산속 집 고요하고 | 秋盡山居靜 |
| 한가한 구름 고을 누각에 걸려 있네 | 閑雲淡郡樓 |
| 평평한 모래사장은 나무 빛 띠고 | 平沙帶樹色 |
| 텅 빈 산골에 강물 소리 울리네 | 空峽響江流 |
| 흥은 멀리 푸른 모래톱에 맡기고 | 興托滄洲遠 |
| 정은 깊숙한 계수나무 떨기에 남기네 | 情留叢桂幽 |
| 뜬구름이 이제 산골을 빠져나가니 | 浮雲今出洞 |
| 물고기 새들 절로 유유자적하네 | 魚鳥自悠悠 |

- 김정(金淨), 「청풍을 노래하다」

얼마나 물이 맑았으면 거울인가 아닌가 했을까요. 산 기운까지 곱게 서린 연기 같았으니 신선이 살 것 같은 청풍고을입니다. 찬물과 푸른 산이 엉겨 고을을 이루니 그곳에 오는 사람은 뼈와 정신이 시릴 수밖에요. 한벽루 대청마루에 펼쳐진 네 폭의 산수화는 정적을 깨뜨려 물소리까지 안으로 들입니다. 아침, 저녁마다 또는 계절마다 서로 다른 적당한 여유를 주지만 한벽루에서 내려오면 다시 돌아갈 세상을 걱정해야 합니다.

한벽루를 말할 때 반드시 동행하는 것은 강 건너 병산입니다. 병풍처럼 생겨 단풍이 아름다워 금병산(錦屛山), 병풍산으로 불렸는데, 찬 바람이 나오는 바람굴(風穴)과 맛있는

1970년 청풍 항공사진. 은빛 모래밭이 끝없다. ⓒ국토지리정보원

샘물이 나오는 굴(水穴)이 들어있는 곳이지요. 높지 않은 산이지만, 가파른 벼랑처럼 우뚝 서 있지요. 청풍이 물에 잠긴 뒤, 다행인지 불행인지 병풍산 자락은 위태롭게 키 작은 능선을 보여줍니다. 물태역에서 케이블카 타고 올라가면 비봉산역 정상에서 병풍처럼 일자로 보이는 곳이 금병산입니다. 운이 좋으면 청풍의 진산이라 할 수 있는 남산(囡地山)자락도 볼 수 있습니다.

청풍중고등학교에서 국어교사를 했던 김시천 시인은 첫 시집『청풍에 살던 나무』에서 수몰 이주민의 가슴 아픈 사연이 물에 잠기는 순간을 포착했습니다.

> 흐르지 않는 물은 죽은 물이라 하던데요
> 농사짓던 대부분이 그 물기슭에 어부가 되었다지요
> 그 물이 예전 같지는 않을 거예요
> 아마 이곳 바닷물처럼 낯설고 무서울 거예요
> 아주 떠나 사는 우리보다 어쩌면 더
> 가슴 아플 거예요
> 수몰선의 대추나무처럼 야물게 다시
> 살아야 할 거예요
> 어쩌면 저는 지금 대추씨가 되고 있는 중이에요.
> 가슴에 몇 개 복숭아 꽃씨 터지는 그리움 참았다가

구름이 비 되어 오는 그것처럼 말이지요.

- 김시천, 「청풍에 살던 나무 15」 부분

시인은 수몰로 인해 청풍을 떠난 자와 떠나지 못한 모든 사람의 아픔을 그리고 있습니다. 안부를 묻고 있지만, 안녕하지 않은 낯선 청풍의 현실이 먼저입니다. 고향을 떠나 있어도 되살아나는 기억들이 많을 수밖에요. 고향이 궁금해 왔다가 오히려 아무 말도 못하고 돌아가야 함을 잘 알고 있습

이방운, 「금병산도」. 오른편 가장 큰 누각이 한벽루.

니다. 예전 같지 않게 물과 생이별을 해야 하는 위력을 알고 있기에 시인은 단단하게 마음먹고 있습니다. 그러면서 다시 오지 않을 '고향땅 그리운 것이 다시 돌아오기'를 바라고 있습니다.

한벽루 역시 '청풍에 살던 나무'와 다를 바 없습니다. 더 안전하고 물난리 걱정 없는 산으로 올라왔지만, 현실은 민속촌의 유물처럼 안개 낀 청풍호를 내려보기만 합니다. 청풍면 사람들에게 한벽루는 고향의 중심에서 청풍을 기억하게 해주는 존재입니다. 그렇게 서로의 시간을 건너왔습니다. 한벽루와 함께한 기억은 사라지지 않고, 삶의 다른 흐름 속에 천천히 자리합니다.

# 인(仁)을 품어 따뜻함이 공존하는 곳
-보은 회인면 피반령, 인산객사

    청주에서 보은으로 가는 고갯길은 산과 물의 경계를 넘어 삶의 구역을 잇는 세상의 통로이자 당겨도 열리지 않은 문과 같습니다. 피반령이 얼마나 험했으면 일흔두 고개라 불리었을까요. 어떤 이는 고갯길이 아홉 번 꺾였다고도 합니다. 옛사람은 염소의 창자처럼 꼬불거린다고도 했습니다. 구불구불 험준한 굴곡을 지닌 피반령. 청주와 회인 보은을 잇는 길목으로 수리티(차의현)를 넘으면 보은에 도착합니다. 회인까지 청주발 시내버스가 살갑게 다니고 피반령은 이제 바이크 동호인들이 즐겨 찾는 고개로 유명합니다.

    예부터 회인은 교통 요지로, 아미산에 매곡산성이 자리하고 있습니다. 무너진 성벽은 마을을 수호하는 듯 세월을 거슬러 오히려 단단해 보입니다. 향교와 사직단은 유교 문화가 깊이 뿌리내렸음을 보여주며, 관아의 객사는 회인의 정체성을 담고 있습니다. 지금까지 객사가 남아 있는 곳은 흔치 않기에, 회인 사람들의 긍지는 특별합니다. 충청도 고을에서 연풍현을 빼고 가장 작은 고을이기는 하지만요.

　인(仁)을 품은 곳 회인은 지나가는 길손에게 아낌없이 그늘을 주는 큰 나무 같습니다. 고을 사람들은 따뜻함과 어진 마음을 자랑으로 삼았습니다.
　회인은 문의, 보은, 청주로 갈 수 있는 혈맥과 같은 위치에 있어 역사적으로 중요한 역할을 해왔습니다. 오래 머물지 않더라도 회인천 물소리를 들으며 발을 담그기도 하고, 송정봉 백학의 날갯짓과 함께 잠시 쉬며 인을 품고, 의를 위해 글을 쓰고, 은혜를 갚을 줄 아는 배움터였습니다. '작은 고을 깊숙하여' '적막함이 뭇 산을 둘렀네'(강재항 姜再恒,「회인현재」)의 회인처럼 고개를 넘는 순간, 바람의 절창은 물론 새떼들의 춤추는 하늘을 볼 수 있어 더할 나위 없이 좋은 곳입니다.

| | |
|---|---:|
| 회인은 비록 작은 고을이나 | 懷仁雖小邑 |
| 또한 행인을 위로하기에 족하네 | 亦足慰行人 |
| 푸른 텃밭의 나물을 삶아내고 | 碧節烹園菜 |
| 은실 같은 생선회를 저미었네 | 銀絲膾丙鱗 |

　　　　　　　　　　- 조경,「회인현을 지나며」부분

| | |
|---|---|
| 한해에 세 번 피반령을 지난다 | 一年三度過皮盤 |
| 양창처럼 구불구불한 길은 험난하다 | 九折羊腸蜀道難 |
| 구름이 매달린 절벽을 감싼 길은 어둡고 | 雲擁懸崖危棧黑 |
| 눈바람이 세게 불어 낡은 옷을 더욱 춥게 한다 | 風吹密雪弊裘寒 |

- 조위, 「피반령을 지나며」 부분

회인으로 오기 위해서는 피반령을 치열하게 넘어야 했습니다. 비교적 편한 문의 방면 먹치로 넘더라도, 나그네에게 쉴 수 있는 곳이 회인이었습니다. 조위(曺偉)는 어떤 연유인지 알 수 없으나 '한 해 세 번'이나 재를 넘어야 했습니다. 일행이라도 있었다면 말동무라도 할 텐데, 험난하며 어둡고 찬바람 맞으며 혼자 걸어야 했지요. 냉감이 가득하여 뼛속까지 움츠리게 한 행로였습니다.

한편 여행 시를 많이 쓴 이승소가 엿새 동안 머물며 바라본 회인현은(懷仁客舍 自註移病留六日) '작은 고을 깊숙한 곳', '고을 관사 깨끗하여 시냇가를 굽어보는 곳'이었습니다. 외진 산골의 고요함과 거친 자연 배경을 통해 쓸쓸함을 고조시켰습니다. 그에게 회인은 산으로 둘러싸여 마치 우물 속에서 하늘을 보는 듯한 느낌을 주었을 뿐만 아니라, 산 깊은 곳으로 봄이 늦게 오고 쌀쌀한 기운이 있는 추운 고을이었습니다.

 병마와 외로움과 싸우는 신세가 처량했을 터. 객사에서 들리는 바람소리, 낙수소리는 크게 들리고 하늘의 기러기마저 쓸쓸하게 보일 수밖에요. 그럼에도 이승소 시에서 끝까지 놓지 않는 것은 회인이란 장소의 신비롭고 은둔적 분위기와 통점의 정점에서 검소하고 인색하게 살아가는 사람들의 소박한 살림입니다.

 회인의 '회인다움'은 관아 시설뿐만 아니라, 번성했던 양조장과 장터 흔적에서도 드러납니다. 전성기 시절 50말 이상 술을 빚었으니 말이에요. 회인과 보은 사이 묘한 경쟁심은 지역의 빛깔과 장소적 자부심에서 기인한 것입니다. 회인에 전기가 먼저 들어왔다거나, 소학교가 먼저 생겼다는 식으로 말입니다.

 회인은 문학사에 빛나는 시인을 배출했습니다. 1930년대 조선 시단에서 '3대 천재 시인'으로 불리던 오장환의 고향이 중앙리입니다. 오장환은 서정주, 이용악과 함께 당대를 대표하는 시인이었지요. 회인 오장환문학관에서 '해바라기'를 만나기도 하다가 '나사는 곳'을 보면서 문학적 감성을 촉촉하게 느낄 수 있습니다.

 '노래가 된 시'를 만드는 작업을 하는 가수 탁영주는 오장환 시 「바다」를 노래로 부르며 "충북에도 바다가 있다"고 했습니다. 바다보다 넓은 세계에 대한 동경이 멀리 있지 않은 슬픔이 깊은 바다, 사람들의 눈물은 일상에 무량한 거지요. 탁영주가 재해석하여 부른 오장환의 「바다」는 회인이 지닌 문학적 감수성을 다른 방식으로 열어줍니다. 이렇듯 회인은 감잎 한 장 접어 편지를 보내는 감성 마을이면서, 예술과 삶이 공존하는 문화적 공간입니다.

회인면 인산 객사에는 고을의 긴 세월과 역사의 흔적이 깊이 새겨 있습니다. 객사 근처에서 거닐며 오래된 기왓장의 고독을 즐기거나, 대청마루 삐걱거리는 소리를 들으며 먼 곳 동무에게 문자 보낼 수 있는 신박한 장소입니다. 단순히 역

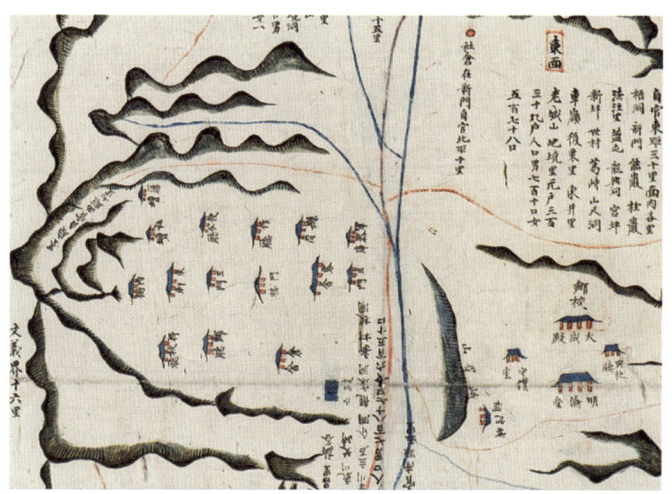

회인현 지방도. 인산객사 회인천변 바로 근처에 있다. ⓒ서울대 규장각

인(仁)을 품어 따뜻함이 공존하는 곳

인산객사 전경. ⓒ충청북도문화재연구원

사적 가치만을 지닌 공간을 넘어, 사람들에게 무심히 다가오는 치유와 위로의 자리입니다.

 객사는 일제강점기에 보통학교로 쓰다가 면사무소, 예비군 중대본부로 쉬지 않고 자기 일을 하였기에 지역 주민들에게 마을의 친구 같습니다. 객사의 조형성이 가진 물리적인 특성 때문만은 아닙니다. 그곳에 깃든 역사와 문화, 사람들의 삶의 흔적과 기억들이 어우러져 특별한 의미를 갖고 있기 때문입니다. 인산 객사는 고을 주민들과 생사고락을 함께했습니다. 장소성은 이처럼 그곳의 독특한 문화적, 역사적, 사회적 맥락과 결합합니다.

 개울물 소리 문득 궁금해지면, 어부동(漁夫洞) 지나 산모퉁이를 돌아서, 밤길 더듬어 신새벽까지 술에 취해 걸어가던 회인 40리./ 회인 가는 길엔 감나무가 많았다./ 아침밥 짓는 연기와 강안개가 다투듯 피어나는 고샅길 따라 척척하게 걸어가면,/ 나는 잘 모르지만, 여기가 사람 사는 곳이구나 싶어 돌아보면 만장을 앞세우구 상여소리 구슬프기도 허고/ 나는 잘 모르지만, 댐 물이 차오르기도 전에 서둘러 떠난 빈집 뜰에서 소근대는 구절초가 사립문을 열어놓구 누구를 기다리는지 한적허구/ 나는 잘 모르지만, 흰옷 입은 백성들이 절단 났다는 그해의 난리 이후에 원혼들이 들구 뛨다는 도깨비불도 자취 없이 사라진, 그 회인 40리./ 회인 가는 길엔 감나무가 많았다.

— 윤중호,「회인 가는 길」부분

    어부동에서 김사인 시인을 만나고 오장환을 만나러 가는 길이었을까요. 사탄, 신곡, 거교를 지나 회인천을 따라 올라왔겠지요. '회인 40리'는 실제 걸어온 길의 흔적일 수도 있고 감정의 실타래가 얽힌 길이었겠지요. '회인' 가는 길은 고요하고 아련한 내면의 아픔과 상처와 여정의 길이지요. 시인에게 길 위에서 일어난 모든 것은 기억으로 남지 않습니다. 그는 '회인 기행'을 하면서 선명해지고 있는 감나무빛 맑은 풍경을 그리는데, 내밀한 관찰을 통해서입니다. 회인은 집집마다 감나무가 많은 곳, 골목마다 겹겹이 쌓인 판석 돌담이 아름답습니다. 시인이 걸어온 길은 수몰이 되어 더 이상

걸을 수 없습니다. 꿈속을 걷는 듯한 고샅길을 지나며 보았던 '떠난 집', '도깨비불'도 사라졌습니다.

회인의 방앗간은 마을의 심장과 같습니다. 지금은 방아 기계의 피댓줄도 쌀 포대도 보기 어렵지만 고소한 참기름 짜는 향기와 매운 고춧가루를 빻는 소리, 흰떡을 기다리며 허기도 잊었던 그 시절을 떠올리게 합니다. 불러도 다시 볼 수 없는 이름들이 하나 둘 거리에서 지워지고 있습니다. 풍차다실, 찬성상회, 고향미용실, 벌꿀슈퍼, 회인상회, 칠성양복점, 장미양품, 회인이불점, 회인양화, 피반령을 넘어 깨팔러 간지 몇 번의 겨울처럼 돌아오지 않는 이름들.

누나야, 편지를 쓴다
뜨락에 살구나무 올라갔더니
웃수머리 둥구나무,
조-그만하게 보였다.
누나가 타고 간 붉은 가마는
둥구나무 샅으로 돌아갔지.
누나야, 노-랗게 익은
살구도 따먹지 않고
한나절 그리워했다.

　　　　　　　　　　　-오장환, 「편지」 전문

오장환의 동시 「편지」입니다. '회인팔경' 중에 '북수청풍(北樹淸風)'이 있는데, 이는 여름철에 '웃수머리' 큰 나무숲에서 불어오는 맑은 바람 속에 사람들이 모여 앉아 더위를 즐기는 풍경입니다. 아미산 아래쪽 회인중학교 근처인 듯합니다. 얼마나 나무가 많았으면 숲거리라고 했을까요. 고향을 배경으로 누나와 이별하는 소년의 서정을 그린 시입니다. 살구나무까지 올라 붉은 가마가 보이지 않을 때까지 바라보는 소년은 얼마나 슬펐으면, 다 익은 살구도 먹지 않았을까요. 누나와 헤어져야 하는 이별의 아픔을 편지의 글로 쓴 것이지요. 실제 누나는 피반령 아래 오동리로 시집을 갔습니다.

속리에 닿으려면
반드시 회인을 거쳐야 하네.
속세와 이별한다는 것,
작은 나를 버려서
제 안의 큰 나로 돌아가는 일이기에
지극한 사랑을 거치지 않으면
가슴 깊이 큰 사랑을 품지 않으면
창자처럼 뒤틀린 말티고개 너머
속리에 이를 수 없네.

- 정진명, 「회인에서 속리를 보다」 부분

시인은 회인에서 속리를 봅니다. 말티재가 속리의 일주문이라면, 피반령 아래 회인은 속리를 품기 위한 통과의례입니다. 내 안의 '큰 나'로 돌아가기 위해 '지극한 사랑을 거쳐야' 한다는 것은 인을 품는 초발심입니다. 지극한 사랑을 맞으려면 '작은 나'를 버려야 하고, 가슴에 인을 거치지 않는다면, 속리에 도달하지 못합니다. 회인에서 놀며 시간이라도 벌어야 속리를 볼 수 있고, 세상으로 다시 돌아올 수 있습니다.

회인으로 돌아오는 것은 어짐을 멈추지 않는다는 것. 인이 스스로 오게 산과 함께 동행하는 것. 아미산같이 낮은 눈썹으로 물길을 따라간다는 것입니다. 그 사이에 회인의 감나무들은 물들까지 대청호에 숨어있는 수많은 이야기를 가지고

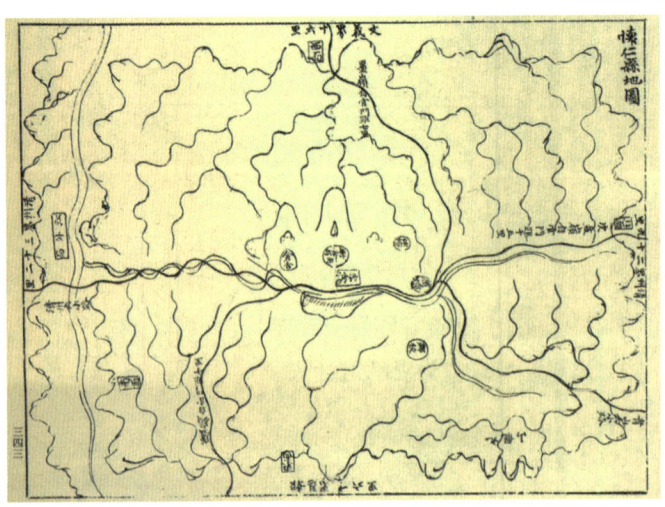

여지도서. ⓒ국사편찬위원회

올지 모릅니다. 느리면서 깊게 펼쳐내는 폼새가 벌써부터 첫눈을 기다리는 극한의 사연들이 회기할 것 같은 봄 같은 만추, 11월 하고도 한참입니다. 회인 한번 하시지요.

# 물이 모여 만든 좋은 기억
### -영동 황간 월유봉, 가학루

   '황간'(黃澗)은 '물이 채워진 골짜기'에서 유래합니다. 작은 물길들이 골짜기에서 몰려든 자리인 거지요. 장교천이라 불린 황간의 물길 초강천은 궁촌천, 추풍령천과 합류하여 옛 읍성을 돌아 다시 송천을 만납니다. 황간에서 만나는 물길이 고마천, 궁촌천을 만나 장교천이라 불린 초강천의 물길은 추풍령천과 하나가 되어 옛 읍성을 서쪽으로 돌아 석천을 만나 송천이 됩니다. 이름 없는 물도 쉼 없이 길을 내어 자신의 자리를 만들어 갑니다.

   물줄기가 모이는 곳을 하늘에서 내려 보면 물색 또한 짙어집니다. 빠르게 물이 내려오다 산중 소식을 풀어놓는 자리, 대서사의 첫 문장을 내는 곳입니다.

   정시한(丁時翰)의 여행일지인 「산중일기」를 보면 황간 유

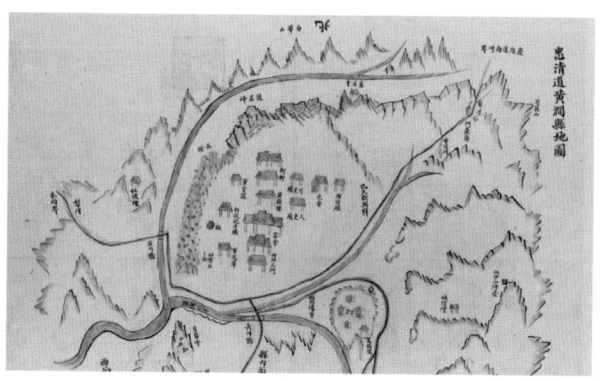

황간현 지도. (1872년)

람의 중요 장소가 나옵니다. 월유봉과 가학루이지요. 17세기 선비의 산수유기에 여정, 거리, 시간은 물론 지리적 특성에 자연 감흥과 사람들의 생활상까지 엿볼 수 있습니다. 직지사(直指寺)로 가는 길목인 황간에서 여정을 잠시 멈추고, 몸과 마음을 그곳에 머물게 하며 순간의 정취를 기록하였습니다.

고개 하나를 넘어 황간 읍내를 지나 냉천에 닿았다. 대 위에 올라앉으니 커다란 내가 합류하고 석봉이 우뚝 솟아 있다. 산양벽과 월유봉 등의 봉우리는 매우 우뚝 높았으며, 물 아래는 돌이 널려 있어 맑은 기운이 가득했다. 읍의 옛터인 동악(東岳)의 가학루를 둘러보았다. 여러 사람들의 제영이 걸려있다.

내(川)가 합류하고 석봉이 우뚝 솟아 있다는 것은 반야사에서 내려온 물과 가학루 앞을 지난 물이 만난 자리에 월유봉이 있다는 것을 말합니다. 한천팔경을 다 언급하지는 않았으나 봉우리인 산양벽과 월유봉의 우뚝 솟은 산세가 있다며 물길 아래 돌이 즐비하다고 합니다. 산, 물, 돌이 하나 되니 맑은 기운이 가득 할 수밖에요. 정시한이 장소의 진정성을 얻은 곳은 월유봉입니다. 가학루는 둘러보았을 뿐입니다. 읍의 옛터라고 기록한 것만 보면 황간 읍성에서 읍치가 신흥리로 이전한 이후입니다. 하루에 둘러보기에 시간이 많지 않았던 듯합니다.

월류봉은 '달도 머물다 간다'고 붙여진 이름입니다. 황간면 원촌리 마을 앞을 지나는 초강천 옆에 여섯 개의 깎아지

월유봉 전경.

른 듯한 암봉이 어깨를 서로 견주며 있습니다. 고산준령 못지 않은 기세를 엿볼 수 있습니다. 월류봉 풍경은 이름처럼 달과 함께해야 제멋입니다. 태양이 서산으로 넘어가면서 내놓은 자리에 달이 슬그머니 등장하면 누구나 시인이 됩니다.

    해 저문 빈 강에 저녁 안개 자욱하고         日落江空暮靄橫
    찬 달이 고요히 떠올라 더욱 어여뻐라        更憐寒月靜中生
    동쪽 봉우리는 삼천 길 옥처럼 서서           東岑玉立三千仞
    맑은 달빛 잡아놓아 밤마다 밝네               留得淸輝夜夜明

                            - 홍여하(洪汝河), 「월유봉」

  물길을 따라 달의 노래를 부르고 강물에 누운 달의 마음을 봅니다. 강은 달 뿐만 아니라 누구든 머물 수 있게 합니다.
  휘돌아가는 물길 건너편에 가파르게 서 있는 월유봉을 바라볼 때마다 산수화 한 폭이 걸려있는 듯합니다. 해가 내려 아무도 없는 강, 작은 배 하나 백구 한 마리 보이지 않습니다. 안개만 자욱하여 고요와 적막이 숨을 죽이듯 있으니 기형도의 「안개」가 피어오릅니다.
  짙은 안개가 몽환의 자리를 만들어 낼수록 달빛이 곱게 내려옵니다. 달이 지나가는 길목에서 쉬었다 가는 무대여서 언제나 스스로 빛나는 것이 아닙니다. 물이 흐르고 산이 있어 달을 닮은 사람들이 황간에 옵니다. 달빛 수다를 듣기 위해서 저마다의 사연을 갖고 물길에 놓습니다.

   오늘은 강물이
   무슨 일로
   한밤 내
   울고 있는가

   흔들리며
   웅얼웅얼
   어떤 추억을
   우는 것인가

   달도 쉬어가고
   그리움도 쉬어가는
   월유봉(月留峯)에
   분꽃은 수줍은데

   건드리면
   눈물이 될
   마음을 안고
   그대에게

가야 하리

불이 꺼져도.

— 김초혜, 「사랑굿 43」 전문

'굿이라는 말은 삶 자체의 모든 갈등의 행위'라고 시인은 이야기합니다. '사랑굿'이란 사랑을 통한 삶의 도달이거나 사람됨의 여정이며 그 투쟁이라고 할 수 있습니다. 강물이 울고 있는 그 소리를 듣고 있다는 것은 살아있다는 증거지요. 웅얼웅얼하니 바람은 저 사정을 아는 듯 느릿하게 옵니다. 별의 지문이 제자리로 돌아갈 때까지 말입니다. 월유봉은 '달도 쉬어가고/ 그리움도 쉬어가는' 곳이지만 몰래 울기 좋은 자리입니다. 여린 화자는 마음이 물결치면서 울음을 안아도 떠날 수밖에 없습니다. 허공에 울음을 낼수록 우리 안의 미움과 그리움은 소멸되어 맨 처음 자리로 돌아옵니다.

눈 밝은 사람만 찾을 수 있는 황간읍성은 장교천을 해자로 세웠습니다. 성벽 둘레 자란 나무를 통해 짐작할 수 있습니다. 지금은 황간성당과 황간향교가 들어서 있고 가학루는 성의 동쪽 끝에 세워진 누각입니다. 황간을 지나는 시인 묵객이라면 발걸음을 멈추게 하는 고을의 명소였지요. 당대 최고의 선비라 할 수 있는 서거정, 이황, 조위, 이안눌 등도 가학루를 두고 붓을 들지 않을 수 없었지요. 가학루 제영시는 다른 누각 이상으로 작품이 많습니다. 좋은 길목에 있기도 하지만 펼쳐지는 풍광을 보면 시가 저절로 나오지 않을 수 없지요.

| | |
|---|---|
| 누대에 올라 아름다운 경치에 푹 빠져 | 登眺耽佳景 |
| 여기저기 배회하며 늦은 줄 몰랐네 | 徘徊不覺留 |
| 산빛은 가을이라 더욱 좋고 | 山光秋更好 |
| 구름 그림자는 물과 함께 흐르고 있네 | 雲影水同流 |

- 이직(李稷), 「황간 가학루시에 차운하다」

| | |
|---|---|
| 황주는 참으로 맑은 경치 뛰어나 | 黃州儘淸絶 |
| 가려다가 다시 더 머무르니 | 欲往更遲留 |
| 학은 날아가고 누각은 그대로 있고 | 鶴去樓仍在 |
| 산은 높고 물은 저절로 흐른다 | 山高水自流 |

- 서거정(徐居正), 「황간 가학루」

| | |
|---|---|
| 땅의 기세는 높아서 사방이 훤하고 | 地勢高仍豁 |
| 산의 형상은 치달리다 멈추기도 하네 | 山形騖亦留 |
| 남은 눈은 석양빛 비쳐 반짝거리고 | 雪殘明夕照 |

둥둥 뜬 갈매기 봄 강물 밝게 하네           鷗泛烔春流

- 이황(李滉), 「황간가학루」

  조위(曺偉)가 쓴 「가학루 중수기」를 보면 "황간 고을은 층층한 산마루를 의지하고, 절벽을 굽어보고 있다. 동남의 모든 구렁의 물들이 그 아래로 돌아 꺾이어 서쪽으로 가는데, 세차게 흘러 돌에 부딪치면 거문고와 비파, 피리 같은 소리가 주야로 끊어지지 않는다"고 합니다. 지명 그대로 층층한 산마루에 쌓여 물이 쉬지 않고 흐르고 있음을 알 수 있습니다. 실제로 서쪽으로 돌아 흐르는 물길은 깊어져 아홉 개 물굽이를 만들며 심천(深川)에서 더 큰 물을 만납니다.

  누정은 높고 아름다운 곳에 세워져 자연을 완상하고 시를 짓는 문학 공간이자, 선경의 풍광 속에서 신선이 되는 초월의 자리입니다. 가학루에 오르면 추풍령에서 내려오는 객도 볼 수 있고 멀리 장평뜰까지 훤합니다. '아름다운 경치', '맑은 경치', '사방이 훤한 자리'임은 예나 지금이나 마찬가지입니다. 우화등선이 되는 '학을 타고 노닐던 선경'이기도 합니다. 학을 탄 신선이 자리를 비운 듯하지만 가학루에 머무르는 것만으로 스스로 신선이 되는 셈입니다. '진주 촉석루는 자랑을 마라/ 이곳 가학루에서 신선이 놀았네'(박우용, 「가학루」)처럼 가학루에 오는 것은 학을 타고 하늘을 나는 것과 다르지 않습니다.

  월유봉에서 가학루까지 걷는 물길은 저마다의 사연을 내려놓고 허공에 풍경을 내는 자리입니다. 풀벌레 소리가 울고 바람이 선선해지면 단풍거사가 차려놓은 멋진 가을 정취를 만날 수 있겠지요. 반야사(般若寺) 배롱나무에게 안부도 전해야 할 텐데, 말없이 흐르는 석천에게 가을 편지 쓸 단풍 몇 장 주문 넣으며 달빛 소식을 기다립니다.

가학루. ⓒ충청북도문화재연구원

# 바람이 왔다 갔으니
-제천 박달재

제천 박달재는 박달령, 박달치라고 불렸습니다. 오래된 지리지에 나란히 앉아있는 것을 보면 충주와 원주로 통하는 관로였음을 알 수 있습니다. 봉우리 봉우리가 이어지는 사이 오목한 곳에 자리한 고개 또한 길과 함께 면면히 이어집니다.

백운면과 봉양면을 사이에 두고 나란히 자리한 박달재 근처에는 오두재, 당고개, 한티, 구럭재, 여우목고개, 평풍재, 뱀고개, 참나무재, 노쟁이고개, 매내밋재, 솔티, 비끼재, 피재 등이 각기 다른 사연을 품고, 험준한 길을 예고해 주기도 합니다.

박달재 아래 봉양은 예부터 교통의 요충지였지요. 근처에 우리나라 최대 조차장이 있어 철도물동량이 많은 곳이기도 합니다. 이곳은 화차를 능률 있게 수송하기 위한 철도 물류의 심장과도 같은 곳으로 태백선의 화물까지 다루기 때문에 밤낮없이 불이 환한 곳입니다.

산골이 깊어 치악산에서 발원한 용암천, 장평천, 주포천, 원서천이 제천천으로 합류하여 깊은 곡류를 만나게 되는데, 물길은 다시 달천과 합류하여 남한강 물줄기가 되어 유장하게 흐릅니다. 충북선 가운데 가장 난관이었던 곳입니다. 박달재를 피하고 물길을 따라 아슬하게 철길을 내었을 뿐만 아니라 적지 않은 터널이 있습니다. 바로 영화 〈박하사탕〉에서 설경구가 "나돌아 갈래."라고 절규했던 곳으로 백운면 애련리 천등산 아래입니다. 주인공의 부르짖음은 원시의 욕망처럼 철교 아래 원서천이 위태롭게 흐릅니다.

박달재를 두고 봉양읍 박달원, 백운면 둔지원이라는 역참이 있습니다. 관로 사이 쉼터는 길손에게 어머니 같은 안온함이었습니다. 경계를 넘는 사람들이 무사 안녕을 빌던 장

흰줄처럼 보이는 것이 1970년 박달재. ⓒ국토지리정보원

소였지요.

　'고개'를 넘는다는 것은 힘겨운 삶의 시련과 여정이 기다리고 있기에 단순히 장소이동 이상의 성취감이 있습니다. 그러기에 고개를 돌리지 않는 것이지요. '고개를 넘는다'는 것은 살아간다는 것입니다.

　영동의 추풍령과 제천의 박달재는 대중가요로도 유명한 장소입니다. 박달재는 중년 이상이면 모두 아는 국민가요입니다. '구름도 자고 가고 바람도 쉬어 간다'는 추풍령보다도 더 높고 골이 깊지요. '울고넘는 박달재'를 부르지 않은 가수가 없을 정도입니다.

　박달재는 노랫말이 전설이 되어 아직도 서사로 구술됩니다. 박달재 전설은 노래가 모티프가 되어 옛이야기처럼 만들어져 빠르게 전국에 퍼져 판타지가 되었습니다.
　'선비와 못다 이룬 사랑이야기', 금기를 넘어 서려는 바람이 있는 한 끊이지 않고 나옵니다. 이는 신분 차이를 지우고 싶은 땡볕 같은 욕망 때문이지요. 러브스토리의 비극적 끝맺음은 정서적 카타르시스를 불러일으키고, 미완의 이야기는 푸르게 덧칠되기도 합니다. 운명적 만남에서 이별, 그리고 비극적 엔딩이 박달재에 안착하게 된 것은 순전히 반야월이 작사한 노래 때문입니다. 이루지 못한 사랑이기에 사람

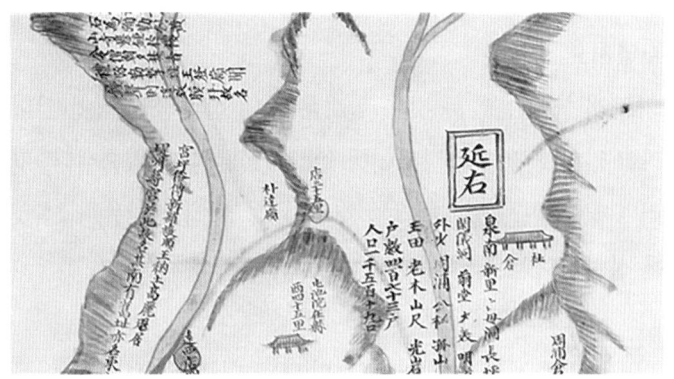

박달재는 목계장터로 이어진다. ⓒ서울대 규장각

들에게 더 강렬하게 기억되고, 꺾이지 않는 대나무처럼 솟아오릅니다.

  난관으로 유명한 박달령이니 우선 박달령을 넘으려면 천등산을 지나야 한다는 바 운명을 운전수에게 일임하고 가장 침착한 태도로 사방을 조망하니 백설척여((白雪尺餘)에 양창(羊腸) 같은 도로가 완완(蜿蜿)하여 산복(山腹)을 헤치어 절정에 달하였던 바 자동차는 그새 이를 달리니 그 정경은 고담(古談)에서 본 신선이 백학을 타고 공간에 왕래함인듯하다. 부람(俯覽)하면 애애(皚皚)한 백설이 은세계를 이뤘으니 그 결백함은 월세계를 당도한듯하다. 자동차는 마력을 가하여 천등산의 절정 해발 391미터의 지점을 무사히 넘어 고래로 저명한 박달령의 절정 해발 457미터의 지점을 돌파하여 평동에 도달하니. 〈매일신보, 1931. 3. 12.〉

박달재 포장공사 완료. (1975년) ⓒ경향신문

옛 신문에도 박달재는 결코 넘기 쉽지 않음을 강조합니다. 청주-충주를 지나 천등산을 지났으니 다릿재를 넘었을 것입니다. 그것도 춘삼월, 가장 힘난한 고개를 넘어야 했으니 쉽지 않았던 거지요. 환상적인 눈꽃이 굽이굽이 피어있는 고개로 들어서며 기자는 신선이 사는 순백의 선계를 떠올린 모양입니다. 모든 것을 덮어 소리조차 들리지 않는 곳, 풍경을 온통 바꿔놓은 고개를 넘으며 얼마나 아슬아슬했을까요.

쇄석을 깐 반포장길인 신작로를 느릿느릿 힘들게 올라가는 자동차는 몇 마력이나 냈을까요. 안전을 운전자에게 맡기고 은세계에 몰입하였으니, 박달재를 넘으며 풍경이 되는 시간을 맛보았음을 고백한 거지요.

바깥평장골에서
박달재 고개턱까지는

긴 구렁과 짧은 구렁을 지나
한참을 더 올라가야 했다
박달재는
봄엔 진달래가 활짝 피고
여름엔 산딸기가 익어
동네 잔칫날
아이들에게 부치기 집어주던
할머니처럼 품이 컸다

오탁번,「박달재」부분

   오탁번 시인의 유년은 백운면 평동리에 '천둥산 그림자 일렁이는 앞 개울', '천둥산 허리를 둘러싼 곳'에 있습니다. 백운면은 시인에게 어머니의 자궁이자 절대 빈곤의 시대 결핍과 상처를 주었던 곳지만, 치유가 무엇인지를 알게 해준 곳이기도 합니다. 박달재는 시인에게 단순히 동심으로 돌아가는 추억의 장소가 아니라 실존의 터입니다. 평장골에서 한참을 올라가야 했던 곳, 진달래, 산딸기 따 먹으며 허기를 달래는 일상이 배고픔이던 시절이었지요. 먹으면 먹을수록 배만 더 고픈 것은 무엇 때문일까요. 삐비의 토실한 속살이나 찔레의 새순을 먹을 때도 마찬가지였지요.

오탁번에게 박달재는 형을 도와 나무를 하던 생존의 장소이기도 하고, 할머니처럼 품 넓은 고개였습니다. 박달재는 힘들고 어려울 때마다 떠오르는 버팀목 같은 고개로서 따뜻한 기억을 불러일으키는 존재이지요.

박달재터널이 뚫린 후 옛길은 느림을 추억하는 이들이 극한의 여유를 즐기며 넘습니다. 멀리 월악산에서 불어오는 바람을 만나거나 청풍호의 물빛을 보러가지 않아도, 그런 평온이 무거운 짐 없이 다가오는 것도 박달재 때문입니다. 속도의 시대 헛것처럼 보일지라도 한 번은 여유롭게 시랑산 박달재를 넘어 오랜 고요함의 깊이를 느껴보는 시간이 필요한 때입니다.

제2장
# 머무는 공존

# 순명의 집 감곡성당
-매괴성모순례지성당

감곡(甘谷)과 장호원(長湖院)은 예부터 교통의 요지입니다. 지금도 중부고속도로와 3번, 37번 국도가 지나지만, 옛 음죽현(陰竹縣) 지도를 보면 영남대로 교차는 물류 유통의 대동맥이었습니다. 죽령 너머 봉화로 가거나 목계 걸쳐 제천으로 가는 길목이었으니까요. 물길까지 이어져 청미천(淸渼川)이 장마 지면 여주강 따라 마포 돛단배가 올라와 소금과 새우젓을 내려놓던 곳이기도 합니다.

감곡과 장호원은 청미천을 사이에 두고 지명은 다르지만 천변 따라 사이좋게 지냈던 마을입니다. 행정구역은 달라도 생활권이 같기 때문입니다. 실제 성당 앞 일부 들판은 장호원 땅이기도 합니다. 천변을 따라 너른 들판이 있어 천뱅이들, 상들, 젖은가리들, 하들, 앞들, 호장들, 건어보들, 일랑들, 주령고들, 노들, 노들앞들, 문이피들, 왜뚜기들, 한 호흡으로 다 부르지 못할 정도입니다. 수량이 풍부하고 땅이 비옥하니 찰지며 윤기 있는 여주, 이천쌀이 나올 수밖에요.

장호원 다리가 설치되기 전 떼다리라 불린 섶다리 건너 장호원과 감곡, 감곡과 장호원을 오갔으니 수량이 많을 때는 거룻배로 화물을 싣고 나르는 나루터 취락이었지요. 내를 사이에 두고 마주한 두 고을은 당연히 유대가 돈독했습니다. 청미천을 두고 서쪽은 '음죽 장호원' 동쪽은 '충주 장호원'으로 불렸고, 음성으로 감곡지역이 바뀌었을 때도 '음성 장호원'의 호명은 여전히 행정상 분리와는 별개로 장소적 심상이 뿌리 깊습니다.

다리를 두고 장 보고 통학하고 통근한 역사가 오래되었을 뿐만 아니라, 각 대리점의 이름도 감곡 장호원이나 장호원 감곡대리점으로 통칭되는 경우가 많습니다. 다리를 건너면 충청도와 경기도라는 도계가 갈라서지만, 생활권은 하나이면서 다른 한 편으로 치열한 경쟁을 해야 했던 곳이기도 하지요. 최근 감곡장호원역이냐 장호원감곡역이냐를 두고 마찰을 빚었지요. 감곡장호원역으로 결정되었지만요. 감곡과 장호원 사이 장호원다리에서 줄다리기를 할 때면 감곡이 승리해야 풍년이 든다는 속설 때문인지 패한 적이 없다고 합니다. 풍년의 여부를 떠나 감곡의 자존심 때문이 아니었을까요.

장호원본당 같은 경우도 마찬가지입니다. 지금은 감곡성당이지만 처음 이름은 장호원본당이었습니다. 매괴성당은 장호원성당, 감곡성당으로 불리다 이제는 감곡매괴성모순례지성당이란 긴 이름을 갖게 되었습니다. 감곡성당 전에는 장호원성당으로 불렸고 청미천 건너 장호원본당은 다시 윗성당(현성당), 아랫성당(구성당), 매괴성모성당, 매괴대성당, 장호원본당, 감곡본당 주보로 '매괴성모'를 모시기 때문에 매괴성당이라고도 불린 것이지요.

매괴(玫瑰, rosary)는 묵주를 뜻하는 말입니다. 장미과의 꽃이니 묵주를 한번 돌릴 때마다 장미꽃 한 다발을 바치는 셈입니다. 아랫성당으로 불렸던 옛 성당(아랫성당)은 매괴여중, 매괴고등학교에 자리를 내어주었지만, 우리 지역 성당의 모태가 된 성소의 터입니다. 그래서 감곡공동체는 복음화의 터전이자 많은 성직자, 수도자를 배출한 곳으로도 유명합니다. 지금은 아니지만, 청주교구의 모체도 장호원본당이라는 사실을 아는 분은 많지 않습니다.

감곡성당을 둘러싼 매산(梅山)의 이름은 마산(馬山)이었는데, 산 모양이 말이 웅크리고 앉은 모양 같아 붙인 이름입니다. 목마른 말이 청미천 물을 마시는 자리 같습니다. 장호팔경 중 5경으로 매산제월(梅山霽月)은 원융무애하여 떠오르는 모습입니다. 청미천에 달빛이 내려오면, 물소리마저 숨죽여 그 빛을 따라 흐릅니다.

성당은 빛에 따라 시시각각 다르게 제 모습을 보여주는데, 매산에 하루도 빼놓지 않고 기도하러 오는 형제, 자매들은 잘 알지요. 성당의 뾰족 현관에서 하늘을 보는 빛과 바람은 어떻고요. 하늘빛에 기대어 가더라도 갑자기 구름이 스미었다면 다시 오라는 뜻으로 알고 성모님에게 무언의 약속을 해야 합니다.

감곡 순례지성당을 걷는 것은 매괴성모님이 계신 오래된 성당을 모신다는 의미입니다. 천천히 성당을 올라가면 가파른 계단이 있습니다. 힘은 들어도 성당 현관으로 올라가는 지름길인 셈입니다. 이 길은 거룩한 장소로 향하는 수없는 발걸음의 흔적이 있는 곳입니다. 감곡성당의 몸체 비례로 보아도 어느 첨탑보다 키가 커 보입니다. 감곡성당에 오면 마치 작은 명동성당에 와 있는 듯합니다.

성모상 앞에서는 누구도 마음이 편안합니다. 매산의 새소리는 물론 청미천의 물소리도 한몫합니다. 마른 잎이 성당

완공 직후 감곡성당. (1930년대)

마당에 구르는 소리, 피정(避靜)온 순례자들의 발자국이 어느 때보다 가볍습니다. 언제나 같은 자리에서 겸손과 순명의 삶을 살게 한 성당은 한결같습니다.

그 이전보다 세 배나 크고 스무 배나 아름다운 새 성당을 세우기 위한 자금과 재료를 준비하기 위해 20년의 세월을 보낸 것이다. 재원의 부족으로 쉬잘레(Chizallel)신부에 의해 작성된 처음 설계대로 교회를 세우는 것은 불가능했지만,… 벽은 붉은 벽돌로 그리고 모서리는 푸른 벽돌로 된… 고딕식 건물이었다. 종루에는 아직 아무것도 설치되어있지 않았지만 머지않아 도, 레, 미를 울리는 종으로 된 주명종으로 하나님의 영광을 말하고 찬송할 수 있게 될 것이었다.

- 임가밀로 신부 회고록

현 감곡성당은 1930년에 지은 오래된 성당입니다. 1896년 장호원본당을 설정한 충북지역 최초의 성당입니다. 임가밀로 신부의 회고록에서 보듯 아랫성당으로 불린 구성당보다 크고 아름다운 성전을 짓기 위해 20년 준비를 했습니다. 종은 1936년에 종탑에 걸렸는데, 마리아종, 벨라뎃다종, 데라사종이지요. 지금 걸려 있는 종은 벨라뎃다종입니다. 교우들의 봉헌금으로 제조했으니 깊은 영성의 종이지요.

중세 성당이 그렇듯 감곡성당은 두 줄의 긴 돌기둥이 세 개의 공간으로 나누는 삼랑식(三廊式) 모양입니다. 제대(祭臺)로 가는 회중석의 천정의 높고 다른 쪽은 낮습니다. 나무에 흑색 벽돌색을 칠한 동시대의 성당과 달리 감곡성당은 기둥은 봉헌에 의한 돌기둥으로 봉헌 신자와 헌정한 공소의 이름이 있습니다. 기도에 대한 응답으로 하느님에 대한 흠숭(欽崇)의 의미입니다. 자발적으로 바치는 신축헌금 봉헌이니 사찰의 대웅전 기둥 시주와 같습니다.

성당의 제대가 동쪽을 바라보는 것은 로마노 과르디니(R.Guardini)는 '하루의 처음과 마지막 햇살을 받아들이기 위해서이다'라며 성당이 빛의 장소임을 강조합니다. 전기가 들어오지 않았을 당시 제단의 촛불과 창문으로 들어오는 빛은 장엄하여 스스로 침묵하여 경건하게 했습니다. 아치형의 가운데 천정은 전형적인 고딕식 고층 창이 생략되었기에 위엄을 보여주지 않습니다. 반질거리는 나무 바닥을 통해 교우들의 영적 체험과 경건한 성당의 따뜻함을 받아 갑니다.

성당 천정은 아래에서 보면 더 높아 보입니다. 서양의 오래된 성당처럼 화려한 장미창이나 말씀의 메시지가 있는 스테인드글라스는 아닙니다. 아주 소박하게 뾰족 유리창에 장식 없는 얼굴을 담았습니다. 은총을 받는 순간이지요. 제대 앞 중앙에는 프랑스 루르드에서 모신 매괴성모님이 대성전 건립부터 제자리에 계십니다. 매괴성모상이 마르세이유에서 배를 타고 수에즈운하와 인도양을 거쳐 제물포항까지 긴 항해 끝에 최종 도착한 곳이 매산이었습니다. 제대의 돔 지붕이 높지만, 좌우 폭이 좁아 자연스럽게 시선이 매괴성모상으로 모입니다. 성모상은 '칠고의 어머니', '매괴의 어머니'로 불리며 기도한 순례자는 치유를 받습니다.

붉은 벽돌이 주는 조화로운 감곡성당의 벽돌은 다른 성당보다 큽니다. 아치형 회벽돌은 소박함을 주기에 충분하지요. 이 벽돌은 감곡의 흙으로 매산 밑에서 중국인 기술자에 의해 구웠습니다. 매산 근처 옹기터가 있어 벽돌 굽기에 좋았을 겁니다. 청미천 모래와 감곡 붉은 점토를 혼합하여 붉은 벽돌을 만들었습니다. 이 지역의 흙으로 구운 벽돌은 다른 지역과 분명 다른 질감과 색이 나타납니다. 교우들은 물집이 생기고 어깨에 혹이 생길 정도로 만민이 기도하는 집을 짓기 위해 일을 했습니다.

그러나 많은 성당의 벽돌이 붉은 페인트를 뒤집어쓴 경우가 많아 마음이 아픕니다. 원래의 붉은 벽돌이 아닌 과장된 색은 아쉬운 부분입니다. 그렇지만 붉은 벽돌 높은 종탑은 파리 외방 전교회에서 조선에서 선택한 벽돌로 쌓은 모방식 고딕입니다. 석재에 비해 비용이 훨씬 덜 드는 경제성이 우선이었으니까요.

성당의 종탑은 종소리는 성당다운 존재를 알리는 요소입니다. 종탑과 종소리 없는 성당을 상상할 수 없는 것과 마찬가지입니다. 삼종 기도 시간을 알리는 것은 물론 노자성체(路資聖體)와 망자를 위해 기도할 때, 전쟁에서 이겼을 때도 종이 울립니다. 종소리는 공기와 장소를 영적으로 정화하며 존재하는 모든 것들을 위로해 줍니다. 이제 감곡성당 종지기 타종 영상은 유튜브로만 볼 수 있습니다.

종탑 위에는 네 방향으로 나무판에 그려진 시계가 있습니다. 눈 여겨 보지 않으면 눈치챌 수 없지만, 여러 장 고화질 사진을 둘러봐야 알 수 있습니다. 언제부터 나무판 시계인지는 알 수 없습니다. 건설 초 성전건축 비용이 넉넉지 않았던 점 때문일까요. 서로 다른 방향으로 흘러가는 시간들, 그 속에 어떤 사연이 숨어 있는 걸까요. 눈 밝은 이만이 풀어낼 수 있는 암호인지도 모르겠습니다.

감곡에 들어와 오래도록 서 있는 성당은 우리 지역 가톨릭 교회의 상징이며, 교우와 함께 지역의 역사와 궤를 같이하고 있습니다. 이제 순례지 성당이 되어 누구에게나 열려 있어 천사를 만나는 곳입니다. 한가지쯤의 염원을 반드시 들어주시는 매괴성모님이 계시는 매산 언덕은 모

감곡성당 횡단면도. 지하층과 종탑을 오르는 계단이 있다.

든 이를 품는 성당입니다. 하늘도 바람도 자유롭고 새도 물 한 모금 축이고 날아가는 곳입니다.

감곡성당은 매괴의 성모를 주모성인으로 모신 성당입니다. 다른 성당에 비해 서정이 짙은 담백한 벽돌성당의 조형을 보여줍니다. 해외 성지순례를 다녀온 교우들에게는 동산 위 작은 교회처럼 보여 실망할지도 모릅니다. 탑돌이 하듯 본당을 걷다 보면 그런 걱정은 하지 않아도 됩니다. 성당 터를 닦기 시작한 것부터 감곡본당은 10년 이상 준비를 한 셈입니다. 교우의 힘으로 흙을 져서 직접 날랐고, 청미천 물길을 실어 온 태백산 목재와 백족산 화강석을 사용하였습니다. 원래 본당 성당으로 올라가는 길은 아랫성당에서 북쪽입니다. 지금의 정문이 여자용 길이었다면, 주 출입구인 서쪽 산길의 계단이 가파른 길은 남자용 길이었습니다.

명동성당에 바보 성자 김수환 추기경이 계셨다면 감곡성당에는 만나는 사람마다 "나는 여러분을 만나기 전부터 사랑했습니다"라고 말한 임가밀로 신부님이 있습니다. 종교, 이념, 인종을 떠나 우리는 어쩌면 태어나기 전부터 사랑받아 온 존재였을지도 모릅니다.

무릎을 꿇는 것은 겸손에 나를 다시 맡기는 일
채색 유리창을 통해 들어와 나를 지켜보던 햇살

묵상하던 짧은 시간에 떠올리던 사람들
지상에서는 볼 수 없는 이도 물론 있지만
그들도 가끔 용서와 순명의 시간 중에
나를 생각하곤 할까
영성체를 모시러 가던 긴 줄 끝에
어색한 채 떠밀리듯 한 발짝씩
앞으로 나아가던 그곳
내 안의 오래된 성당

도종환, 「오래된 성당」 부분

'진길 아우구스티노' 도종환 시인의 「오래된 성당」입니다. 무릎 꿇고 기도한다는 것은 그만큼 간절하며 나를 낮춰 순명(順命)에 들어온 것입니다. 여기는 단순한 성당이 아닙니다. 흐르는 시간 속에 기도와 묵상, 그리고 찬양이 겹겹이 쌓여온 자리이지요. 중요한 것은 현재와 연결하는 매개체입니다. 무엇이 그를 겸손하게 했는지 알 수 없지만, 채색 유리창을 통해 들어온 햇살의 깊이를 짐작할 수 있습니다. 천주님의 응답이나 그리스도를 따르려는 삶은 강제력이 아니어서 자유롭고 더 많은 것을 알게 됩니다.

묵상이든 화살기도를 하는 가운데 성당은 멀리 있는 것이 아니라 내 안에 한 발짝씩 앞으로 나가는 자리에 있음을 시인은 알고 있습니다. 내 마음의 오래된 성당은 천주를 모시는 그 마음마다 자리하고 있음을, 긴 줄 끝에 있는 사람이나 아직 줄에 서 있지 않더라고 매괴성모님은 아실 겁니다. 매괴성당의 현관 문지방에는 라틴어로 시편 121편 8절이 써있습니다. '나거나 들거나 주님께서 너를 지키신다. 이제부터 영원까지'. 성당의 문을 열거나 닫는 순간부터 매산 아래 살아있는 모든 존재에게도 마찬가지입니다. 축복입니다.

1950년대 아랫성당.

# 길은 멀고 미륵은 안거하고
-충주 하늘재, 미륵대원지 석조여래입상

고갯길은 능선의 가장 낮은 골을 말합니다. 길을 내기 전 제 몸 가는 것이 길이고 고개입니다. 옛 고개는 오랫동안 사람들이 묻어둔 기억의 발자국이 다진 것이지요. 세상은 빠르고 편한 길을 찾는다며 산을 터뜨리고 깎아내지만, 이 길은 그렇게 생겨나지 않았습니다. 우마가 천천히 지나갈 만큼만 열렸을 뿐, 산도 나무도 어지럽히지 않은 길입니다.

골과 골 사이 물길을 따라 구역의 경계가 되어 말씨와 환경이 달라집니다. "십리 간에 말이 다르고 백리 간에 풍속이 다르다"는 말처럼 분수령인 것이지요. 산줄기의 높낮이에 따라 그 깊이가 서로 달라, 아무리 이름 없는 능선이라도 자기 방식으로 물길을 냅니다.

하늘재는 오래 묵은 고개입니다. 문경새재보다 1000년 앞

선 신라 아달라 이사금 3년(156년) 여름 4월에 열었으니 국도 1호인 셈입니다. 하늘재는 많은 사연을 담고 있는 고개입니다. 오래된 길인 만큼 세월에 따라 불린 이름 또한 많습니다. 계립령(鷄立嶺), 계립현(鷄立峴), 또는 마목현(麻木峴), 마골점(麻骨岾), 지릅, 지름, 기릅재, 유티(油峙), 경티(經峙), 천치(天峙), 대원령(大院嶺), 한훤령(寒暄領)까지 이름을 다 셀 수 없을 정도입니다.

 하늘재의 전성기는 통일 신라 이후 고려시대입니다. 개경에서 수로를 따라 충주에서 문경, 경주까지 가는 1번 국도였습니다. 조선에 들어와 주요 관방 시설로 관리되는 문경새재에 밀려 공식적 기능을 다했지만 여지도나 지방지도에 빠지지 않고 표기되어 있는 것을 보면 여전히 고개로서의 역할을 하고 있음을 짐작할 수 있습니다. 충주로 가는 빠른 길을 아는 사람들은 새재보다 하늘재를 넘나들어 보부상과 우마의 통행이 끊이지 않았던 거지요.

 하늘재는 포암산(962m)과 부봉(916m) 사이에 있는 평범하고 완만한 고개입니다.
 하늘재(525m)는 소백산맥에서 가장 야트막한 곳으로 말안장처럼 움푹 들어간 고개입니다. '높고 가파른 계립령은/ 예부터 남북을 그어놓았네'(「가흥창(可興倉)」)라고 김종직

하늘재 정상 표지석

(金宗直)은 계립령의 장소 지리적 특성을 노래합니다. 조선에 들어와 공식적으로 폐도가 되었지만 여전히 물류가 유통되는 길이었지요. 지금은 문경에서 하늘재까지 말끔하게 포장되어 있지만 미륵대원지가 해발 377m인 점을 감안한다면 절터까지 들어오는 길은 그리 만만한 고개는 아닙니다.

백두대간에 있는 하늘재를 경계로 빗물은 남북으로 다른 길을 떠납니다. 북쪽의 물은 동달천으로 내려가 송계계곡을 거쳐 남한강을 따라 서해로 나아갑니다. 남쪽의 물은 문경 신북천(新北川), 조령천(鳥嶺川)으로 지나 낙동강을 따라 남해로 흐릅니다. 이화령(梨花嶺)에 신작로를 내면서 새재는 옛길이 되었으니 하늘재는 원조 옛길로 불려야 할 듯싶습니다. 일찍이 옛길이 되어 원형인 채로 있어 다행입니다. 오히려 하늘재가 열린 이래 가장 많은 사람이 다니는 길이 되었습니다.

  재 넘어 문경 관음리에서 올라오는 길을 다시 복원한다지만 역사성과 장소성을 살리기는 어려울 듯 보입니다. 획일적 경관은 사람들의 욕구와 취향을 표준화시켜 하늘재라는 장소가 또 하나의 무장소로 탄생하는 셈입니다. 공감할 수 없는 스토리텔링도 마찬가지입니다. 옛 고개를 걸을 때면 새소리와 바람소리, 물소리, 나뭇가지 노래까지 고요히 들립니다. 맨얼굴 그대로의 하늘재를 온전히 간직해야 합니다.

  하늘아 땅아 열려라 하늘재 넘어가련다
  아리 아리랑 하늘재 아리랑

  한 많은 세상 등지고 새 세상 찾아가리라
  아리 아리랑 하늘재 아리랑

  하늘재 넘어갈 제 굽이 굽이야 눈물이 난다
  아리 아리랑 하늘재 아리랑

- 박태순, 「하늘재 아리랑」 전문

한과 눈물의 하늘재입니다. 삶이 얼마나 힘들고 어려웠으면 세상을 등진다고까지 할까요. 눈물마저도 굽이 굽이 나옵니다. 그렇지만 새 세상을 찾기 위한 통로로서 하늘재는 꿈과 희망의 길이기도 합니다. 하늘재 아리랑을 얼마나 불러야 새 세상이 올까요.

충주 미륵대원지는 얼마 전까지도 중원 미륵리사지라 불렸습니다. 사찰 이름을 알 수 없어 그냥 마을 이름에 절터를 붙여 부른 거지요. 천년 전 미륵불이 오랫동안 안골마을 장승처럼 서 계시니 미륵댕이라 불려도 전혀 이상하지 않습니다. 미륵대원지로 이름이 바뀐 것은 수 차례의 발굴조사에서 나온 깨진 기와 조각에 '미륵당', '명창 3년 대원사 주지 승원명'이라 적힌 미륵 단서가 발견되었기 때문입니다. 숙박의 기능을 하는 미륵대원과 절간으로 대원사가 하늘재 쪽으로 가까이에 있었습니다. 미륵대원지는 일탑식 가람 배치입니다 마주 보고 누워있는 당간지주가 있는 곳이 절간 입구입니다. 그 뒤로 돌탑과 석등, 미륵불 순으로 일자로 서있습니다. 황량한 폐사지에서 도반처럼 남아 있는 석물을 만나 법거량이라도 하려면 서로 다른 묵언의 시간이 필요합니다.

말머리에서 서로 헤어지자니 처참한 심정인데　馬首相分暗愴情
고개 돌려 월악을 바라보니 더욱 우뚝하구나　回頭月岳更峥嶸

그 누가 알랴! 승방에서 자다 한번 깨고 보니 　　誰知一覺僧窓夢
비파 타는 소리가 애끓는 소리 같음을 　　　　猶聽聽琵琶腸斷聲

미륵원 길에서 서로 이별하고 숭선사에서 자면서 목백 상공에게 삼가 부치다. (彌勒院路上相別宿崇善寺 奉寄牧伯相公)


척약재(惕若齋) 김구용(1338-1384)의 『학음집』에 나오는 「미륵원」입니다. 하늘재 아래에 있던 미륵대원에서 숙박했음을 알게 해주는 귀한 작품입니다. 하늘재를 지나는 객들이 묵고 만나고 헤어지는 장소가 바로 '미륵대원'입니다. 미륵대원에서 바라보는 월악산이 예사롭지 않음을 알 수 있습니다. 우뚝 솟은 산은 이별의 슬픈 마음도 부처님같이 품어 안은 것이지요. 월악은 앉은뱅이 부처님처럼 묵묵히 상심한 마음을 보이지 않을 때까지 배웅해 줍니다. 미륵대원을 다녀간 객들은 다시 산으로 돌아가겠지요. 척약재는 미륵대원에서 나와 신니면(薪尼面) '숭선사'에서 다시 묵은 모양입니다. 작별의 무거움이 비파소리가 마음을 가리키는 듯 애끓는다고 합니다. 어떤 인연인지 모르겠지만 문장으로 전하는 기적 같은 원망을 다시 만날 것 같습니다. 이런 전별시를 받은 '목백 상공'은 세상에서 제일 행복한 사람입니다.

미륵은 세상이 시끄럽고 혼란스러울 때 오십니다. 미륵을 기다리는 사람들의 원과 망이 담겨 있습니다. 거대 미륵불이 자리하는 절간은 많은 사람들이 오가는 요지에 돌을 깎아 세워 치성을 드리게 합니다. 이렇게 커다란 석불을 세운 이가 누구일까요. 최적의 장소에 커다란 석불을 세운다는 것은 왕의 권력을 효과적으로 알리는 방법입니다. 지방 호족이 돌부처를 세우기에는 적지 않은 규모이기 때문에 중앙권력에서 집행하였고 인근의 돌을 다루는 석수장이를 파견한 듯 보입니다.

석불의 높이는 10.6m로 거대한 돌덩이 4개를 이어 올려 몸을 이루고 갓과 좌대를 각각 다른 돌로 하였으니 모두 6매의 돌덩이입니다. 고려시대 충청지역에 조성된 거불(巨佛) 중의 하나입니다. 석불은 절터 및 석굴을 구성한 돌덩이에서 풍기는 웅장함과는 달리 근엄하지 않고 소박해 보입니다. 오히려 높지 않은 돌담에 얼굴이 삐쭉 나온 것이 편안해 보입니다. 햇빛과 비바람에게 몸을 주고 새와 다람쥐의 놀이터가 되는 적적한 절간에서 제 모양의 돌이 되고 있는 것은 아닐까요.

원통에 가까운 몸은 상체와 하체의 구분이 없고, 손과 발만 알아볼 수 있습니다. 오른손은 가슴 위로 들어 올린 시무외인(施無畏印)으로 손바닥을 밖으로 향해 두려움으로부터 안심시키는 서원을 가리킵니다. 얼마 전까지만 해도 왼손에 들고 있는 지물(持物)은 둥근 약합(藥盒), 보주냐에 따라 돌

1980년대 충주 미륵리 미륵불. ⓒ김운기

부처의 존명을 정하지 못했습니다. 그러나 미륵대원지의 미륵이나 주 본존불이 미륵불의 특징인 왼손에 들고 있는 지물에 이끼와 검버섯을 버끼니 연꽃봉오리가 피었으니 미륵불이라 불러야 합니다. 지명과 사찰지의 이름이 모두 미륵이기 때문에 마을 사람들은 의심하지 않았겠지요. 마을 사람들은

미륵불 연꽃봉오리 지물

용화세상 멀리 있지 않다는 것을 알고 있었습니다.

미륵대원지 미륵불은 육계(肉髻)가 있는 나발의 둥근 원만한 얼굴에 살구씨 모양의 가느다란 눈, 넓적한 코, 작은 입을 두텁게 나타낸 입술에서 당시 미륵의 양식을 보여줍니다. 몸돌과는 달리 공을 들여 이목구비를 분명히 드러낸 양감이 돋보입니다.

미륵님의 볼륨 없고 간략한 옷 주름이 세월의 흔적에 더욱 흐릿하게 보입니다. 움츠린 듯한 두 어깨부터 발끝까지 돌기둥처럼 보입니다. 키가 크고 몸이 좁은 너비로 이어져 신체적인 입체감이 덜한 원통형 돌기둥 같습니다. 물리적 나이를 접더라도 명료하지 않다는 것이 하늘재 미륵불의 특징입니다. 양감이 지나치거나 입체감이 아쉽다고 미륵불이 들려주는 서사가 반감되지 않습니다. 돌미륵이 잘 짜인 무대 정형화에서 나왔다면 여래(如來)의 도상학(圖象學)에서 자유로운 '무기교의 기교'일지도 모릅니다. 때로는 명료하지 않음으로 사람들에게 상상을 통해 도상을 읽어야 하는 화두가 주어집니다.

미륵 목에 굵은 삼도(三道)의 세 줄 표현이나 팔각형 갓을 쓰고 광배가 있는 것처럼 유난히 하얀 얼굴을 보는 것만으로 미륵이 들려주는 서사는 한 편의 영화입니다. 어떤 이는 매일 세수하는 미륵부처님이라고도 합니다. 몸돌에 비해 뽀얀 머릿돌은 절간을 오는 사람에게 미륵의 신이함을 주는 요소입니다. 풍화와 물기에도 돌이끼가 없는 하얀 얼굴은 충분히 의심할 여지가 있을 수밖에요. 단순한 옷 주름에 손의 묘사도 간략합니다. 법의는 세로줄 무늬로 가늘게 걸쳐 있어 발까지 내려옵니다. 위에서 흘러내린 옷 주름은 무릎에서 좌우로 돌아갔으나 몸돌 뒷면에는 아무런 장식이 없습니다. 좁은 미륵의 몸돌에 세밀하게 주름을 넣지 않고 가는 선으로 보여줍니다.

폐사지에 남은 몸돌이나 뒹굴고 있는 석물이 남아서 오늘의 미륵대원지가 존재합니다. 미륵불은 아무 말이 없습니다. 무량의 관심이 필요합니다. 용화세계도 마찬가지가 아니었을까요. 오늘도 아무 말 없는 미륵불은 맨 처음의 그때처럼 서 있을 뿐입니다.

# 소멸하지 않은 신호를 교신하는 곳
-청주 남석교

　서원경(西原京), 주성(舟城)으로 불렸던 청주는 우암산과 무심천 사이에 읍성이 있는 고을이지요. 무심천은 배가 다닐 정도로 수량이 풍부하거나 폭이 넓은 곳은 아니었지만, 길 이상의 의미가 있습니다. 마을과 마을을 이어주는 소통의 중심이자 분기점입니다.
　고을의 역사성과 풍경의 의미를 고려하지 않더라도 무심천은 청주 사람들의 정신적 지주입니다.

　남석교(南石橋)를 언제 만들었는지에 대한 기록은 없습니다. 용두사 스님이 창건했다거나 대원사 주지가 외나무다리에서 떨어져 죽은 아이를 기리기 위해 인근 스님들을 동원하여 만들었다는 이야기는 있지요. 불교에서는 월천공덕(越川功德)이라 하여 가교를 놓은 일을 스스로 공덕을 쌓는 일이라고 합니다. 공덕 중에서 가장 중요한 선행으로 자비심과 이타행을 몸소 구현한 거지요. 승려들이 돌을 다뤄 다리를 가설하거나 성을 쌓는 일에 동원이 되었기에 토목기술은 충분했을 겁니다.

 옛 지도에 보면 무심천 물길은 완만한 곡류 하천인데 석교 부근에서 물길이 바뀌어 유속과 유량에 따라 모래가 쌓여 작은 마을이 생기거나 논밭이 만들어지기도 했습니다. 1910년대 청주 지도를 보면 남석교 부근에서 물줄기가 세 곳으로 갈라지는 곳도 보입니다. 다리가 놓인 곳을 지나면 하중도처럼 보이는 곳에 월교리(月橋里)라는 마을도 있었지요.
 청주읍성 남문 또는 제방을 지나 가장 먼저 건너는 다리가 남석교입니다. 조선시대 공식 이름은 대교(大橋)였지만 청주 사람들은 대교라 부르지 않은 듯합니다. 청주의 남쪽에 있는 다리여서 남석교라 불렀던 것이지요. 남석교는 결코 작은 다리는 아닙니다. 현재 우리나라에 남아 있는 돌다리 중 가장 긴 다리로, 80m가 넘어 대교라 불려도 손색이 없습니다.

 남문에서 길은 남석교와 연결되어 분기점이 되었지요. 다리가 존재함으로 지역을 연결하고 삶의 이야기를 담아낼 수 있었습니다. 무심천을 건너야 막바위주막, 산죽리주막, 사양리주막, 분동주막, 사래골주막, 통외주막, 진밧채주막으로 갈 수 있으니 말이에요.

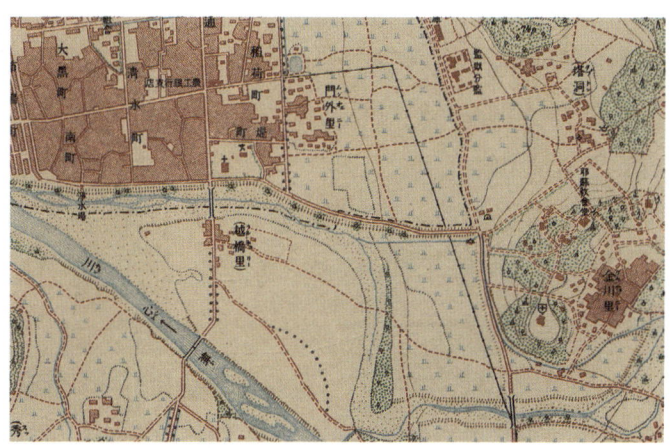

청주군 시노. 남석교를 건너면 초월리가 있고 오른쪽에 양관이 있다.
중앙박물관 본 (1917년)

 물을 만나 길이 끝나면 다시 길을 연결해주는 것이 다리입니다. 때로는 사람들의 마음이 시작되는 곳이면서 모든 곳을 이어주는 역할을 했지요. 다리는 길의 단절이 아닌 연결이었기에 보행의 공간이자 만남의 장소이자 청주읍성의 랜드마크였습니다. 조형물인 다리가 만들어내는 풍경을 담아내려는 시인 묵객들에게 중요한 처소였던 거지요.
 철학자 짐멜(Georg Simmel)은 다리가 세워진 장소에서 새롭게 바라보고 장소와 더불어 조화를 이루게 한다고 했습니다. 인간 의지의 영역이 확장되었음을 다리를 통해 사고하지요. 분리된 것의 결합을 직접적으로 보이게 만들면서 미학적 가치가 된다고 합니다.
 남석교 흑백 사진을 보면 당시 풍광명미(風光明媚)하는 사람들의 무성영화를 볼 수 있습니다. 어린이들의 놀이터는 물론이고, 양산을 쓰고 다니는 신여성들의 나들이 장소가 되기도 합니다. 나무를 하고 오는 짐꾼은 물론 멀리 탑동 양관부터 낮은 제방 위로 제일교회 종탑도 보입니다. 석교 밑 물이 풍족하지 않았다는 것은 물길이 바뀌었다는 것을 말해줍니다.

징검다리나 섶다리, 나무다리 등은 큰비가 내리면 다음 해에 다시 세워야 하는 번거로움이 있었지만, 초가지붕 갈 듯이 마을 사람들과 함께 새 다리를 놓았지요. 그렇지만 다리 기술자들이 놓은 석조물과 비교할 순 없지요. 돌다리가 많이 있는 것은(쑥돌이라는 재질의 특성도 있었지만) 당시 최고의 기술을 동원했고, 장인들이 다룬 돌 하나하나가 숨결이 세월과 물길을 견딘 덕분이지요. 대부분은 멀지 않은 곳에서 석재를 구할 수 있었습니다. 남석교는 보다리라 하는 가구식 구조로 탄탄하면서 격식과 위엄이 있습니다. 무지개다리같은 홍교와 같은 멋진 자태는 없지만, 무심천 풍광에 거스르지 않게 우직한 조형미를 보여줍니다.

오쿠마쇼지(大熊春峰)가 『청주연혁지』(1923)에 "남쪽 제방을 따라 흐르는 유역 일대는 깊은 수심을 이루고 있었고, 항상 푸른빛으로 채워져 수영하기에도 좋았지만 낚시하기에도 적당한 곳이었다. 특히 석교 아래는 수심이 가장 깊었으며 여러 칸의 교각을 드러내었다"고 쓴 것을 보면 다리가 건너기만 하는 통로가 아니라 풍류와 오락의 장소였음을 알 수 있습니다. 때가 되면 물새가 오고 물놀이 하고 고기도 잡는 수변공간이었음을 찬란하게 보여줍니다.

제방공사 전 무심천은 어떤 모양이었을까요. 늘 하상이 높아지는 천정천(天井川)이었던 무심천 유속이 석교동 부근에서 급격히 꺾이며 퇴적되어 크고 작은 모래섬이 옹기종기 있던 거지요.

육거리시장의 남문 입구 돌다리방앗간, 석교방앗간 상호를 보니 남석교에 왔음을 실감합니다. 남문 근처 청주약국에서 육거리시장으로 걸어오면 청주신협에서 신궁전 떡집까지가 남석교 자리입니다. 남석교로 들어가는 비밀의 문이 '산까치 음반' 앞에 있는 맨홀이라는 것을 아는 사람은 많지 않습니다. 먹자골목이 있는 제일교회 앞은 옛 둑이었고 그 앞으로 무심천이 흐르던 곳입니다. 육거리시장을 다녀갔다는 것은 이미 남석교를 여러 번 건넜다는 뜻입니다. 남석교가 어느 수로의 바닥이 되거나 천변 둑의 제방 한 뼘으로 자리하지 않은 것만으로도 다행입니다. 석교가 사람들에게 초월적 상상을 기대하여 길 아래에서 재래시장을 지키고 있는 것은 아닐까요. 결국 남석교의 매몰은 시가지 확장을 가져와 오늘의 육거리시장이 있게 한 것입니다. 옛 기사에 보면 이런 대목이 나옵니다.

"청주 무심천 부지 무상증여 희망자는 청주읍으로"(조선

중앙일보, 1933. 11. 15.), 2년간 2만여 평의 석교동 부지를 분양한다는 광고나 「남석교의 비운」이라는 제목으로 시가지 확장에 따라 흔적도 없이 뒤덮여버렸다는 기사도(동아일보, 1936. 5. 27.) 있네요. 역설적으로 남석교에 대한 이야기는 더욱 풍부한 장소이자 내밀한 경전으로 펼치게 합니다. 80년이 지난 2015년에 들어서야 문화재도 아닌 향토유적 42호로 지정이 되었으니 참 유감이지요.

청주 남석교는 몇 장 남은 흑백 사진으로 육거리시장 아래 아스콘으로 포장된 도로 밑에 묻혀 있습니다. 청주-부강 신작로가 개통되면서 매몰의 역사가 시작된 듯합니다.

몇 번의 실측 조사를 통해 남석교 복원조사 보고서까지 나왔지만, 시장 상인들의 동의가 필요하고 부지매입비용 때문

청주 문우당 발행 우편엽서.

인지 일회성 보도 기사만 나올 뿐 멈춰있습니다. 다리를 들어올려야 한다, 원형을 다른 곳으로 옮겨 세워야 한다, 모형을 설치하거나 그냥 묻혀 있는 것이 가장 안전하다는 등 다양한 의견이 있습니다. 무엇보다 필요한 건 비용이나 발굴 이전에 남석교가 말하는 이야기를 들어야 하겠지만요.

 다행히 남석교와 청주읍성의 파수꾼이라고 할 수 있는 고려 견상은 있습니다. 다리의 지킴이로서 법수(法首)라 할 수 있는 동물이 견상(犬像)인 경우는 흔치 않습니다. 충직한 수호자 역할을 하면서 다리를 보호하고 재난을 막을 수 있다는 믿음으로 다리의 양쪽에 세웠던 것입니다. 아쉽게도 제 자리에 있지 않고 청주대학교에 이전되었지만 남석교의 안녕을 기원하며 호위하고 있는 셈입니다. 다리에서 만나고 떠나는 사람들의 안녕을 기원하듯 정겹게 꼬리를 살짝 감고 있는 자세입니다. 목에 큰 방울을 달고 젖을 먹이고 있는 형상이라고도 하지만, 벽사(辟邪)나 법수의 동물이라면 해학적이라 해야 맞겠지요. 금방이라도 이름을 부르면 달려나와 꼬리를 흔들 것 같습니다.

 다리에서 바라보는 달구경 노래는 우리 시가에 많이 나오는데 무심천 남석교에서도 예외일 수 없습니다. 만물을 부드럽게 감싸는 달빛을 밟으며 쏟아지던 별, 달맞이하는 사람들에게 물소리가 전하는 말씀은 무엇이었을까요.

| | |
|---|---|
| 은하수 밖엔 붉은 달 옅은 구름을 가려 | 炎月微雲銀漢外 |
| 석교 서쪽에서 한잔하며 나지막이 노래하네 | 淺斟低唱石橋西 |
| 고향소식 알고 싶어 사람들을 찾아보니 | 欲知鄕思撩人處 |
| 아득한 들판 풍경속 어둠으로 사라지네 | 野色蒼茫入夜迷 |

- 「청주남석교에서 달구경하며」

충청도도사(忠淸道都事) 배용길(裵龍吉, 1556-1605)에게 석교는 '떠난 고향'을 생각나게 하는 장소입니다. 넓게 확 트여 달을 바라보며 한잔하면서 조용히 노래 불렀습니다. 무심천을 따라 달을 보고 삽살개들이 짖기도 하였을 겁니다. 청주에 묵는 선비라면 서문 근처의 망선루에서 바라보는 달빛보다, 남석교에서 무심천 너머 넓은 들판 '남들'의 풍광을 선호하였던 것 같습니다. 맑은 바람, 밝은 달 흐르는 돌다리에서 긴 시간을 보내지 않을 수 없었을 겁니다. 시에서 만나는 남석교의 달밤 경취를 선명하게 읽을 수 있는 건 순전히 달빛의 힘입니다.

| | |
|---|---|
| 남석교 내린 비에 객은 흩어지고 | 客散南橋雨 |
| 구름은 상당산성을 가로지르네 | 雲橫上黨城 |

서녘에서 불어오는 바람 낙엽을 날리고　　　西風吹落葉

돌아가는 말이 가을소리를 밟는다　　　　　歸馬踏秋聲

- 「환성의 판상 운을 따라」

증평 출신 백곡(柏谷) 김득신(金得臣 1604-1684) 시에 나오는 남석교는 영화의 한 장면입니다. 비 내리니 다리를 건너는 사람들은 걸음을 재촉하거나 남문 앞 구 장터에서 비설거지를 했을 테지요. 그의 시가 회화성이 짙고 사실 묘사에 충실하다는 평가를 받는다는 것을 그대로 보여줍니다. 백곡 선생은 남석교에서 가을을 만끽하며 묘하게 느끼는 감정을 묘사하고 있습니다. 기운생동의 풍경을 본 것이지요. 바람에 낙엽이 춤을 추고 가을소리를 밟는 기분은 그대로입니다.

청주에 비를 하나 세웠으면 좋겠다

시비가 되었든

노래비가 되었든

청주에 비를 하나 세웠으면 좋겠다

세울 만한 시나 노래가 없으면

석교동 어딘엔가 묻혀 있을 돌다리라도 찾아내어

세웠으면 좋겠다

이도 저도 없다면

청주를 상징하는

돌이라도 하나 세웠으면 좋겠다

시민의 이름으로

청주에 돌이라도 하나 세워놓았으면 좋겠다

- 한병호, 「청주·53」 전문

  시인은 작은 소망으로 시비나 노래비를 세웠으면 좋겠다고 합니다. 실제로 시인이 갈망하는 것은 청주의 상징으로 '돌다리'를 세우는 일입니다. 지금은 볼 수 없는 석교의 사연

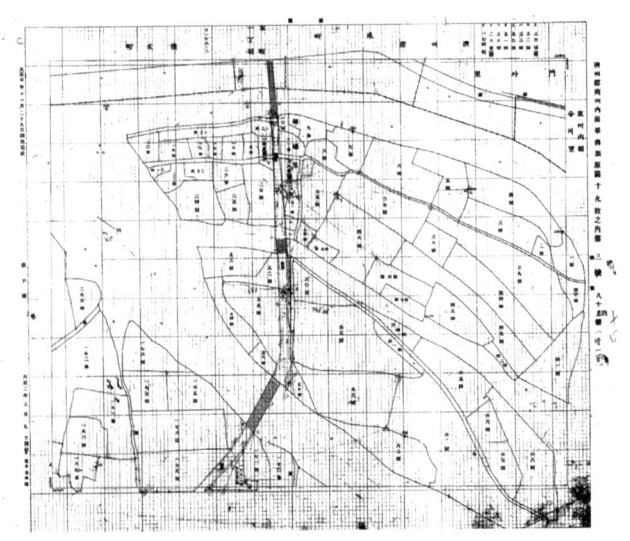

청주 남주내면 화흥리 지적도에 세 개의 다리가 연이어 있다.
맨 위의 다리가 남석교이다.(1913년)

을 너무나 잘 알고 있기에, 시민의 이름으로 비를 세울 때 청주를 대표하는 장소성이 공고해지는 것입니다. 읍성 안 용두사지(龍頭寺址) 철당간과 압각수(鴨脚樹)는 멀리 남석교를 보고 뭐라고 했을까요. 청주의 역사와 함께해 온 오랜 동무였기에 서로를 흠모하지 않았을까요. 읍성을 훼절한 장본인이 누구인지도 똑똑히 지켜보며 여러 물난리에도 피난처이자 고을의 지킴이를 했겠지요.

  남석교가 어둡고 컴컴한 자리를 지키면서 청주의 그리움과 전설을 다문다문 풀어 낼 준비를 하고 있습니다.

# 괴강에서 보내는 편지
―구곡의 나라 괴산

    남한강이 충주를 지나 산자수명(山紫水明)을 자랑한 청풍, 단양의 물길에 조선 선비의 로망인 퇴계 이황이 있었다면, 중원골의 지류인 달천은 구곡(九曲)의 물길입니다. 고단한 물길을 거슬러 달래강 하류부터 화양동까지의 여정입니다. 그 중심에 괴산이 있고, 화양구곡(華陽九曲)과 우암 송시열이 있습니다.

    달천(達川)은 달래강, 달강(獺江), 달래(甘川), 덕천(德川)으로도 불렸지요. 속리산 천왕봉이 발원지로 낙동강, 금강, 한강의 시원지이기도 합니다. 금강과 한강은 한참을 돌아 멀리 서해에서 다시 만나지요. 달천은 내륙을 대표하는 강이기에 천변 사람들은 태어날 때부터 강을 닮아갑니다. 속리산 천왕봉을 내려와 법주사 일주문을 거쳐 옥화(玉華), 금관(錦寬)을 지나 청천(靑川)에 도착하면 시냇물처럼 흐르던 물길이 서서히 강의 모습을 갖춥니다. 법주리(法注里)를 지난 물줄기가 법의 문을 나와 드디어 세속의 인연을 따라가는 거지요. 속리에서 세상으로 다시 돌아오는 길이기도 합니다.

청천에서는 청천강, 괴산에서는 괴강(槐江), 목도에서는 목도강(睦渡江), 단월에서는 단월강(丹月江)으로 불립니다. 모두 달천의 물줄기지만 고을을 지나면서 자기의 이름을 갖게 됩니다. "달천이 달천이지 뭐"하고 말할 수 있지만, 지역이라는 기호의 의미가 이름으로 와서 달천은 더욱 삶의 존재와 하나가 되는 거지요.

강을 바라보는 건 추억을 쌓아가는 것인지도 모릅니다. 때로는 물길을 함께 걸으며 그리움을 풀기도 합니다. 물길이 있는 곳에 사람이 모여 살고 변화무쌍한 물의 성질을 겨우 안다 해도 자연은 그대로 있지 않습니다. 시간이 지날수록 강은 낮게 웅크려 사람들이 가지고 있는 욕망을 알게 합니다. 물소리 바람소리에 아무도 귀 기울여주지 않는 것처럼요.

달천 뱃길은 남한강 수운에서 목계나루가 출발항이었지요. 강폭이 좁고 수심이 낮은 달천에서 배가 순항하기 위해 목계에서 물류를 소형배로 옮겨야 했습니다. 대개 겨울철 외에는 뱃길이 끊이지 않았던 남한강이지만, 달천 항로는 증수기가 한정되어 물때에 따라서 가항의 거리와 시기가 짧을 수밖에 없었습니다. 수심도 얕고 여울이 많아서겠지요. 큰비가 온 뒤 배의 운항 거리가 늘어 목도나루에서 괴산나루까지 갈 수 있던 거지요. 물이 많으면 괴진까지 배가 들어오고 수량이 적으면 목도나루에 배를 대야 했습니다. 부정기적 운항이었기에 배가 들어오는 날은 연풍, 청천 등지에서 온 소바리며 사람들로 북적대었지요. 목도나루터는 괴산의 대표적 소금배의 종착지였습니다. 40년대까지 소금배가 달천을 이용했으니까요.

괴산의 나루는 옛 괴강교 자리입니다. 옛 지도에는 괴탄(槐灘), 괴진(槐津)으로 나오는데 괴산교는 괴진 언덕에 있습니다. 느티울로 불렸으니 잘 생긴 느티나무가 터줏대감이었겠지요. 괴강에 들어서는 사람을 제일 먼저 포근하게 맞이해 주는 나무입니다. 괴강다리를 놓기 전 차배와 나룻배가 오가던 느티여울에서 멱을 감거나 뱃놀이하는 사람들로 북적였지요.

제월대(霽月臺)를 지나면 이탄(梨灘)이 나옵니다. 괴강 여울 물가에 배나무가 많아서 생긴 이름입니다. 봄이면 배꽃이 만발하여 장관이었지요. 하얀 꽃잎이 눈송이처럼 공중에 흩날려도 강물은 흔들리지 않고 밤바람을 맞이합니다.

달천은 괴산발전소가 세워진 뒤 괴산호에 한참을 머물다 괴강으로 내려옵니다. 군자산(君子山)이 품고 있는 갈은구(葛隱九曲)곡도 마찬가지입니다. 괴산호에 잠긴 연하구곡(煙霞九曲)을 생각하면 속상합니다. 이제는 산막이길로 위안을 받지만, 계곡의 흔적은 깊은 산골만이 기억하고 있습니다. 쉼 없이 달려온 속리산 물길이 강물이 될 준비를 하는 지대방 같은 곳이기도 하지요.

　괴산(槐山)은 느티나무골이라고도 합니다. 느티나무가 도처에 숲을 이루고 있고 다른 어느 지역보다 노거수가 많지요. 300년 이상의 느티나무가 50여 수가 넘으니 괴산의 상징인 군목도 느티나무일 수밖에요. 느티나무는 당산나무의 역할은 물론 소망을 들어주거나 햇볕을 가려 넓은 그늘을 주기에 늘 마을 사람들과 함께 했지요. 괴산의 느티나무는 괴강과 함께 오랫동안 더불어 살아온 사람들의 이야기를 묵묵히 들어주는 친구입니다. 잘 늙은 나무를 볼 때마다 나무가 감추어둔 것들을 오늘에 풀어 여러 가지 이야기를 들려줄 것 같습니다. 언제 만나도 묵묵히 고향을 지켜주는 수호목이자 우주수(宇宙樹)입니다.

| | |
|---|---|
| 우리 집은 강 위에 있는데 | 吾家江上在 |
| 문밖에는 장삿배가 정박해 있네 | 門外繫商船 |

| | |
|---|---|
| 달밝은 백사장에 닻을 내리고 | 下碇平沙月 |
| 안개 낀 옛 골짜기에 돛을 내렸네 | 落帆古峽烟 |
| 남한강 어귀에서 바람을 타면 | 乘風漢水口 |
| 탄금대 가에서 노를 두드리네 | 扣枻琴臺邊 |
| 내일은 생선하고 소금을 판다 하니 | 明日魚塩販 |
| 마을 사람들 수 없이 모이겠지 | 村氓集百千 |

 김득신(金得臣, 1604~1684)의 시 「강어귀의 장삿배(江口商船)」입니다. 달천 물길이 괴진까지 뱃길이 있었다는 것을 알려주는 귀한 작품입니다. '우리 집'은 백곡(栢谷)의 서실인 취묵당인데, 괴강가 개향산 언덕에 있어 강물이 한눈에 보이는 곳이지요. 이 물길을 괴협(槐峽)으로 부르기도 했지요. 목도나루와 느티나루 사이 활처럼 휘어 흐르는 곳에 지은 취묵당에서 괴강노옹(槐江老翁)은 강을 오가는 배를 훤히 볼 수 있었던 거지요. 상선이 드나드는 접안시설이 없기에 넓은 백사장에 닻을 내려야 했습니다. 모래사장은 나루장이 서는 곳이지요. 돛을 내린 배는 노를 저어 괴강으로 들어오는데 주요 물품은 소금과 생선이었지요. 내륙지방에서 아주 귀한 물산이어서 곡식이나 특산물과 물물교환이 되어 배에 싣고 온 것이 모두 팔릴 때까지 사람들이 모이는 장날이었습니다.

 괴산에 구곡(九曲)이 많았기에 괴강으로 모이는 물길에

김득신의 취묵당 아래로 괴강이 지난다.

크고 작은 계곡의 물색과 바위는 산빛을 담고 있습니다. 주희(朱熹)의 무이구곡(武夷九曲)에서 유래한다고 하지요. 무이산에 대한 동경을 산수에 투영하여 산림의 선비들이 공간을 장소화시켰던 거지요. 기호학파 문인을 중심으로 유람행렬이 끊이지 않아 화양구곡에 대한 시가는 물론 화양지리지(華陽地理志)까지 나올 정도였으니까요.

청풍명월에서 괴산은 구곡(九曲)이 많은 고을입니다. 화양구곡(華陽九曲), 갈은구곡(葛隱九曲), 고산구곡(孤山九曲), 쌍계구곡(雙溪九曲), 선유구곡(仙遊九曲), 연하구곡(煙霞九曲), 풍계구곡(豊溪九曲)이 있지요. 우열을 가릴 수 없지만, 가장 알려진 곳은 화양구곡으로 괴산뿐 아니라 우리나라를 대표하는 구곡이 되었지요. 울창한 숲은 기본이고요. 기암괴석을 만나 쉬지 않고 흐르는 맑은 물은 달천에서 다시 만납니다. 모두 달천의 지류인데 괴강에서 하나 되니 괴강은 선명하게 구곡을 담은 물길입니다.

구곡은 단지 풍광 좋은 아홉 곳의 물굽이가 아닙니다. 물과 바람이 지나는 숲속의 계곡이 구곡으로 바뀌면서 성리학이 서로 다른 이름으로 장소화 되는 거지요. 이중 가장 알려진 곳은 화양구곡으로 100여 개가 넘는 우리나라 구곡 가운데 처음 인증된 국가명승지입니다. 화양동이란 이름이 훨씬 익숙하지만요. 내륙 최고의 피서 휴양지라고 해도 과언이 아니지요.

'눕고 서고 앉아서/ 산을 떠받친 바위들/ 두런두런 맑은 물소리로/ 하늘 속을 흐른다'(박건호,「화양동」)는 화양의 행간 만큼이나 물이 맑았고 숲 또한 울울창창합니다. '묵은 마음을 깨끗이 씻어서/ 계곡 화강암 흰 너럭바위에 널어놓았더니/ 사흘 햇살에 온몸이 뽀송뽀송'(정한용,「계곡에서 묵다」)해지는 곳이 화양동이지요. 정한용 시인은 더 나아가 '세상이 환하게 뚫린 것 같고', '그리움이 맑아 더 향기로운 것 같이' 심상지리를 그리고 있습니다. 심천유곡을 가는 이유를 분명히 보여주고 있습니다. '화양'에 와서 묵은 마음을 씻고 가는 것입니다.

선비들이 '화양'을 유람하는 것은 명승을 다닌다는 산수탐방만이 아니라 우암 선생이 노닌 곳을 걸으며 행적을 본받고자 하는 것이었습니다. 스스로 자연이 되는 '화양'과의 동행은 우암 송시열을 계승하는 도학의 공간이자 기호학파의 성지순례였습니다. 유가적 이상향이 자연에 재현된 장소이며 우암 선생이란 당시의 파워 블로거가 있기에 존재하는 곳이었지요. 화양구곡은 성리학의 단계를 장소적 관점에서 전형적으로 설명할 수 있는 곳이었습니다. 불교의 심우도(尋牛圖)처럼 말이에요.

대부분 화양구곡의 백미라고 하는 4곡 금사담(錦沙潭)에 있는 우암 선생의 암서재(巖棲齋)까지 다녀오지만 9곡까지 다녀오지 않는다면 화양구곡의 진면목을 보지 못한 셈입니다. 계곡 물길을 따라가야 '화양'의 여여한 마음을 만나게 되는 거지요.

화양 1곡인 경천벽(擎天壁)은 하늘을 들고 있는 바위이자 불가(佛家)의 일주문과 같은 역할을 하지요. 학문의 길에 들어서는 선비의 의지를 엿볼 수 있는 거지요. 화양동문도 나란히 서있습니다. 9곡까지 갔을 때 마지막 입신의 경지를 맛보게 되는 거지요. 속세의 존재에서 출세간의 길을 돌아보는 물이 바위를 꿰고 흐르는 것이 마치 큰 뱀과 같아서 '파곶(巴串)'이라 불리는 9곡은 화양구곡의 최고 절정입니다.

'파곶은 참으로 절경입니다. 아득하니 방안 같으나 시원하기 강호(江湖) 같습니다. 땅버들, 철쭉나무, 말채나무, 물푸레나무가 돌 사이로 두루 나서 키는 작을망정 물소리에 어우러져 너울거리고, 빙 둘러 있는 산에는 수림(樹林)이 우거져 높습니다. 옥수(玉水)라니 이 물이 참 옥수요, 백석(白石)이라는 이 돌이 참 백석이요. 무림(茂林), 유곡(幽谷)이라니 이 골이 이 숲이야 참으로 무림, 유곡입니다'(동아일보, 1934. 8. 7.)

위당 정인보가 쓴 남유기신(南遊寄信)의 한 부분입니다. 아주 넓은 흰 바위로 어우러져 흐르는 자리는 마치 신선의 놀이터처럼 보입니다. 물소리는 더 이상 두려울 것이 없습니다. 파곶의 흐르는 물결이 마치 용의 비늘처럼 보인다고 옛 사람들은 노래합니다.

| | |
|---|---|
| 화양에 맑은 못 있어 | 華陽有澄潭 |
| 못 속에 흰 바위가 많다네 | 中沚多白石 |
| 나란히 모랫가에 벌여있고 | 齒齒沙際橫 |
| 찰랑찰랑 냇가에도 쌓여 있구나 | 粼粼川上積 |
| 파곶이 그중 가장 깊숙하고 울창한데 | 巴串最幽森 |
| 넓다란 너럭바위가 백 척이 될 만하다네 | 磯廣可百尺 |

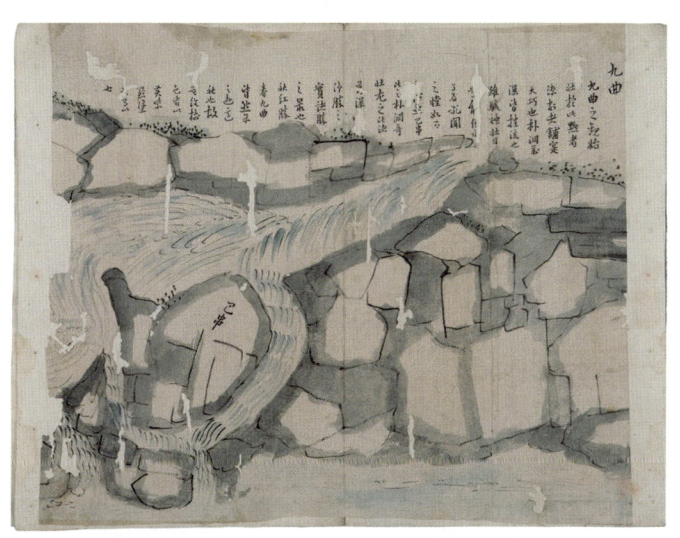

이형부, 「화양구곡도, 파곶」.

| | |
|---|---|
| 희기는 마치 가는 털을 펼쳐 놓은 듯 | 皦如布纖毫 |
| 빛나기는 마치 홍벽을 갈아 놓은 듯 | 瑩若磨弘璧 |

황경원(黃景源, 1709~1787)의 시 「파곶」입니다. '파곶'은 화양동 상류에 있어 '가장 깊숙하고 울창'합니다. 백 척이 될 만한 흰 바위로 물이 흐르는 '파곶'을 마치 그림으로 보는 듯합니다. 맑고 찰랑찰랑 물이 함께하는 흰 바위 반석을 보며 가슴이 얼마나 벅찼을까요. 크고 작은 기암괴석이 널려 있는 화양동 바위는 누워있거나, 앉아있거나, 잠겨 있거나, 서 있거나 저마다의 모습으로 자리하고 있습니다. 9곡까지 왔다면 이제 돌아가야 하는 여정이지만, 더 머물고 싶은 '파

곳'입니다. 은하수를 능가할 정도로 흰빛이 나고 물바닥이 훤히 비출 정도로 맑기 때문입니다.

  괴산은 벽초(碧初) 홍명희(洪命熹)의 고향입니다. 해마다 열리는 홍명희문학제 때문에 제월대를 알고 있었지만, 먼저 떠오르는 건 학부 시절 괴강 변에서 구비문학을 채록하며 야영했던 기억입니다. 그때는 왜 벽초를 몰랐을까요. 괴강을 배경으로 우뚝 서 있는 제월대 위에 고산정(孤山亭)이 있지요. 벽초가 낚시하며 마음을 다스리던 곳입니다. 인산리(仁山里) 고가 뒤에는 도깨비가 나온다는 이야기가 있을 정도로 울창한 느티나무 숲이 있었습니다.

    괴강에 뜬 별을 잊었을까
    제월리 사람들에게 다 나누어 주고 간
    끝이 안 보이던 땅쯤이야 잊었겠지만
    손등만 한 야산도 형제끼리 칼부림 송사하는
    남쪽 사람들 사는 곳쯤이야 잊었겠지만
    느티나무 근처에 모여 살던 사람들이야 잊었을까
    제월대에 앉아 쉬다 강물로 내려가
    물소리와 함께 가던 밤바람이야 잊었을까
    아아, 저 밤강물에 몸을 씻던 별들이야 차마 잊었을까

                                  - 도종환, 「벽초 생각」 전문

벽초는 일찍이 괴산을 떠났지만, 괴강은 언제나 어머니 품 같은 곳이었지요. 어디서나 결코 잊을 수 없는 물길이지요. 세속의 크고 작은 일들이야 언제라도 잊을 수 있지만 벽초가 낚시를 하기도 한 괴강의 물소리, 밤바람, 심지어 강물에 몸을 씻던 별을 잊을 수 없었던 거지요. 느티나무 고을에 모여 살던 선한 사람들을 잊을 수 없었던 거지요. 괴산 장터의 3·1 만세 함성도 잊을 수 없었을 것입니다. 벽초에게 고향은 그리움 이상입니다.

달천이 충주에 가까워질수록 물길 또한 유장하여 강의 본래 모습을 드러냅니다. 수많은 산을 품어 남한강을 만나기 위해 달려온 거지요. 합수머리에 들어오기 전 강폭이 넓은 만큼 나루터 또한 많았습니다. 단월에 단월도선, 용관도선의 나루가 있었고 달천교 자리에 달천나루가 있었지요. 충북선 달천철교 근처이지요.

지금의 다리가 있는 곳은 옛 나루터 자리였던 게 분명합니다. 단월의 유주막, 달래주막, 청천 검으내의 삼거리 주막, 한들주막, 지경주막이 있었고요. 탑거리주막, 갈그리주막, 태지성주막, 솔테주막도 길손의 목을 축이고 허기와 갈증을 풀어주었지요. 주막이 많다는 것은 길의 분기점이자 오가는 사람들이 많았다는 거지요. 남한강의 물길처럼 달천의 물길도 괴산, 연풍까지 연결되는 최단 육로가 동시에 있었고, 단절된 물길 사이에는 언제나 나루터가 있어 길을 연결하는 다리 역할을 했지요.

꽃 바위 물안개 따라
푸르고 어린 추억들이
은빛 물살을 이루는 거기,
느티울!

낡은 고향 마을을 지나
착한 이웃처럼 환한 물소리 있네

유년의 풍물소리 가득하던
방천둑길에는 개망초 지천이고

아직 여름을 얻지 못한
미루나무 미끈한 정강이가
물비린내를 풍기는 어린 물새 몇
따뜻한 배경이 되네

머물지 못하는 것은
언제나 눈물겨운 것인가
우리가 그대를 잊고 지낸 세월만큼

강은 작아지고 얕아지고 멀어져서

눈부시게 차오르던
피라미, 모래무지, 쏘가리, 치리,

그 싱싱했던 삶들이
계절의 맑은 눈물로 건너 오네

돌아보면 어제가 강물이 되고
눈에 젖은 이름들이 한 줄로 서네

동진내, 합수머리, 배나무여울…
흐르는 것이 어디 강물뿐이랴
우리도 흐르고 흘러 강물보다
더 낮은 곳에 눕게 되고 마는 것을

 나를 지우고 나서야 빛나는
저 낮은 삶의 아름다운 모습
괴강이여!

- 조정주, 「다시 괴강에서」 부분

괴산 문광면 출신 조정주 시인의 괴강은 보석 같은 추억의 강입니다. '은빛 물살', '환한 물소리', '미루나무 미끈한 정강이'가 배경이 되는, 온통 그리움이 층층이 가득한 곳입니다. 작아지고 얕아지고 멀어지는 강을 보면서 시인은 '눈에 젖은 이름'을 부르게 됩니다. 시인 자신도 흐르고 흘러 강

괴산댐 준공식, (1957년) ⓒ국가기록원

물보다 더 낮은 곳으로 늙게 된다는 거지요. 스스로 나를 지우고 흐르는 낮은 삶의 지혜를 얻게 됩니다. 쉼 없는 물의 흐름을 보면서 인생사 순간임을 비로소 깨닫게 되는 것이지요.

  누군가 괴강이 말을 걸기 시작했다거나 화양구곡의 크고 오래된 나무들이 다시 보인다면 분명 강물이 길을 내는 마을을 따라 사람들의 귀한 이야기를 만난 셈입니다. 봄부터 겨울까지 늘 다니던 곳이 갑자기 새로 보이는 것처럼요. 다시 깊은 그리움을 끌어모아 강물보다 먼 여행을 떠나고 싶습니다.

제3장
**바람의 경전**

# 도담을 비우니, 삼봉사원이 오고
-단양 도담삼봉

    산명수청(山明水淸)한 단양이 날 낚은 것은 도담삼봉 때문입니다. 달력이나 그림엽서를 짊어지고 있는 경승이란 것을 알고 있었지만. 필름 카메라에 빠졌던 시절의 필름이 보이지 않아서 아쉬울 뿐입니다.

    도담삼봉을 담으려는 사진 마니아들의 촬영 포인트가 공식처럼 전해옵니다. 좋은 자리 선점은 검푸른 그물을 건져 올리는 일이지요. 도담리 일출을 맞이하려면 새벽부터 삼각대를 펴고 기다려야 합니다. 하늘도 도와주어야 하기에 늘 긴장해야 합니다. 봄, 가을이 만들어주는 안개가 다녀갈 때 삼봉을 지나는 배 한 척이 궤적을 그을 때 물새 한 마리 날아가 주면 더욱 좋지요. 눈이 내린 설경이나 결빙이 만들어주는 길을 따라 강 건너 도담리까지 걸어갈 수 있는 겨울 풍경은 장엄합니다. 고향이 물에 잠긴 충주호 사람들은 꿈에도 잊을 수 없는 표식을 따라 각자의 탯줄을 찾아갑니다. 옛 지도는 집어등처럼 환하게 물길을 내어줍니다. 도담삼봉 앞 물길이 작은 호수가 되는 사이 삼봉의 키는 작아졌습니다. 금빛 모래사장이 있어야 천연의 도담이지요.

　단양(丹陽)이란 지명은 연단조양(鍊丹調陽)에서 유래했습니다. 연단은 신선이 먹는 연금단약(鍊金丹藥)으로 불로장생의 약입니다. 조양(調養)은 빛이 고르게 비추고 볕 잘 드는 마을이니 단양은 신선이 사는 살기 좋은 곳이지요. 또 단구(丹丘)라 고도에 불리는데 모두 선풍(仙風)이 감도는 곳으로 옛 이름이 단산(丹山)입니다.
　단양은 사군(四郡)의 하나, 단양(丹陽), 청풍(淸風), 영춘(永春), 제천(堤川)을 이르는 말이었습니다. 해산(海山)은 금강산, 강산(江山)은 사군으로 불리는 명승이었습니다. 멀리 소백산(小白山)과 교내산(校內山)이 병풍처럼 둘러쌓고 있어 여울이 많은 남한강 물길은 격절의 장소일 수밖에요. 골짜기가 깊고 물의 흐름이 급하여 동협(東峽), 청협(淸峽)으로도 불렸습니다.

　이해수(1536-1599)가 "금강산에는 이런 강물이 없고 한강에는 이런 산이 없다(金剛無此水 漢江無此山)"라 한 것처럼, 기암절벽과 물길이 함께하는 사군 중의 으뜸이었습니다. 선상유람과 탐승유람을 하면서 즐기기 좋은 곳입니다.

조선의 문인들에게 은거와 풍류의 장소로 반드시 가보고 싶은 곳이었습니다.

사군의 단양과 영춘은 십승지(十勝地)이자, 이상향 절경이어서 유람 기행문과 시문(詩文)이 넘쳐 낭만풍류 선비의 시심을 흔들게 했습니다. 일찍이 동천복지(洞天福地)의 장소로 도교적 공간인식이 드러나면서 선계(仙界)의 실존적 정거장이 누적되어 온 것이지요. 승경을 만났을 때 스스로 신선이 되어 먼저 다녀간 선비의 글과 비교 확인하는 통과의례적 기행문을 썼던 곳입니다.

단원 김홍도, 「도담삼봉도」 ⓒ호암미술관

명승을 사진으로 남기듯 최북이 「단구유승도(丹丘留勝圖)」, 정선(鄭敾)이 「삼도담도(三島潭圖)」, 단원(檀園)이 「도담삼봉도(島潭三峰圖)」, 이방운(李昉運)이 「도담」을 그렸지요.

단양팔경의 일경은 도담삼봉입니다. 도담을 만나지 않고 단양을 보았다고 말할 수 없습니다. 도담은 물길에 섬처럼 떠 있는 봉우리입니다. 연못에 세워놓은 커다란 수석. 처봉, 남편봉, 첩봉으로 불리기도 하는데 도담삼봉의 장소성을 여인의 애환으로 엮은 서사는 아쉬움이 있지요. 오히려 섬이 떠내려왔다는, 이른바 부래설(浮來說)은 광폭전설이어서 어느 지역에나 있는 흔한 이야기입니다. 여름이면 찾아오는 홍수를 경험했던 사람들에게서 나온 전형적 스토리입니다. 산

이방운, 「도담」. 국민대박물관 소장.

이 떠내려오고 총명한 아이가 등장하여 세금 문제를 풀어가는 방식까지 말입니다.

  삼봉이 정좌해 있는 동안거 기간은 도담리 일대를 도량으로 맞이할 수 있는 기회입니다. 삼봉은 사계절은 물론 아침부터 저녁까지 다르게 보이기 때문입니다. 도담의 매력은 단지 삼봉이라는 세 개의 섬이 아니라 위치에 따라 산과 강이 다른 조화를 이루는 것입니다. 남한강의 바람과 물줄기가 만든 최고의 장면입니다. 호사가들은 수천 개의 크고 작은 섬이 있는 하롱베이나, 장가계(張家界)와 비교하기도 하지만, 도담은 도담일 뿐입니다.

  도담삼봉의 사진은 셀 수 없이 많습니다. 대부분 정면 사진이지요. 드론으로 찍으면 봉우리마다 각자의 방식으로 허공을 가리고 있습니다. 상공서 바라본 도담은 큰 새 한 마리를 떠올리게 합니다. 뒤를 보면 또 다른 봉우리가 중봉을 받쳐주는가 하면 아래로 내려가 보면 봉우리가 여러 개로 보입니다. 오른쪽 섬은 작은 촛대바위처럼 보이기도 하고 주먹 쥐고 손을 펴기도 하는데, 위치나 방향에 따라 만상으로 보이는 거지요. 때로는 도담리를 건너다보면 잠깐 쉬고 있는 물개가 나타나지요.

  삼봉은 도교의 삼신산(三神山)처럼 보이기도 하고 때로는 삼형제가 손잡고 나란히 서 있는 것처럼 보입니다. 도담은 보이는 각도에 따라 옥빛물에 비친 삼봉이 다르게 보입니다.

하괴리(下槐里)에서만 보면 도담과 삼봉을 다 봤다고 할 수 없습니다. 강 건너 도담리에서도 느린 물길을 따라 포행(布行)해야 합니다. 삼봉은 한 방에 도담의 현관을 내어주지 않습니다. 오래 볼수록 도담의 진면목이 드러나기 때문이지요.

남한강은 영월 지나 단양을 뱀처럼 궁궁을을(弓弓乙乙)의 걸음으로 돌아갑니다. 등이 구부러진 옥빛 물길을 뱀처럼 느리게 걷는 거지요. 강은 산을 넘지 못하고 산은 강을 넘지 못합니다. 굽이치는 물결이 비교적 빠르기에 단양 대성산(大成山)을 크게 돌아 충주댐을 향합니다. 도담리는 전형적인 물동이형 산길, 물길이 어우러진 길이지요.

200리 남한강 물굽이가 휘도는 마을마다 주막도 성행하였습니다. 떼꾼의 쉼터이기도 했지요. 60년 중반까지 도담삼봉 가까이에 뗏목을 맞이하는 마지막 객주집이 있었다고 합니다. 증도 부근의 단양 꽃거리나루는 객주의 여자들이 많아서 불린 이름이었지요.

조선지지를 보면 상방주막, 뒤뜰주막, 유다리주막, 들촌주막, 도담이주막, 당골주막, 창내주막 등 많은 주막들이 나옵니다. 뱃사람이나 물길을 건너는 사람들로 북적거렸던 시절은 다시 오지 않지만, 자꾸 호명하며 지도를 보는 건 닫힌 물길에 대한 아쉬움 때문이지요.

　남한강 상류의 절경은 물길을 따라 이어집니다. 봄이 긴 동네 영춘에서 단양 60리 길은 "천 바위와 만 구렁에 한 강이 돌고, 돌을 깎고 언덕을 따라 작을 길로 간다. 긴 강이 옷깃처럼 일만 산을 싸고 돈다"고 할 만큼 아름답습니다. 감입사행의 물길이니 뱀이 기어가는 듯 산길을 돌아가다 힘이 들면 쉬었다가기도 하고 구불구불 자유롭게 거센 물길도 만들어 냅니다. 남한강의 상류로 갈수록 사군의 몽환적 안개는 짙기에 고난의 물길이라도 뱃노래 부르며 뱃길을 이어 온 거지요.

　퇴계 이황은 단양 군수 시절 단양의 알림이였습니다. 퇴계 덕분에 사람들이 단양의 아름다움에 주목하기 시작하여 그의 후학들이 도학을 실천하는 순례의 장이었다고도 합니다. 단양이 단양답지 않고 도담이 도담답지 않았다면, 단양 순례는 멈췄을지도 모릅니다. 그가 쓴 글「단양산수 가운데 노닐만한 곳에 관한 기록」이었습니다. "나루를 건너 북으로 가다 동으로 빙 둘러 가면, 큰 바위의 세 봉우리가 물 가운데 높이 솟은 것이 있는데, 이것이 이른바 도담"이라며 지도처럼 꼭 필요한 정보만을 빚었지요. 왜 그랬을까요. 물론 귀담(龜潭)을 알게 된 영향이 컸지만, 그는 도담에 대해 언급하지 못하였음을 아쉬워하고 "산과 물은 스스로 한탄하지 않는데 나는 한탄하니 이것은 내가 어리석은 것"이라 고백하기도 했습니다.

| | |
|---|---|
| 산은 단풍잎 붉었고 물은 모래 맑은데 | 山明楓葉水明沙 |
| 석양의 도담삼봉에는 저녁노을 드리웠네 | 三島斜陽帶晩霞 |
| 신선의 뗏목은 푸른 바위에 기대 앉아서 | 爲泊仙槎橫翠壁 |
| 별빛 달빛 아래 금빛 물결 넘실거리네 | 待看霜月湧金波 |

-황준량, 「이방백과 더불어 도담에 배 띄우다(與李方伯泛島潭)」

가을의 도담삼봉입니다. 단풍을 비추는 거울 같은 물은 얼마나 빨갛게 물들었을까요. 노을까지 담아낸 도담에 정박해 있는 배는 마치 신선이 타는 배와 다를 바 없었을 겁니다. 어둠이 오면 물러나는 단풍 빛 대신 별빛과 달빛이 내려온 도담은 가을빛과 다른 물빛으로 소요의 공간이 되었을 테고요. 삼신산이 투영되어 선경화(仙境化)되어 바람 부는 곳으로 서 있을 수 밖에 없었겠지요

남유용(1698-1773)의 「동유소기」에도 "도담을 보려거든

달뜬 밤에 좋다"라고 한 것처럼 한정(閑靜)의 즐거움을 여유롭게 찾는 대목이 나옵니다.

단양 사람 유계(柳溪)는 「향토예찬 내 고을 명물」이라는 글에서 도담을 "창극(槍戟)을 갖추고 강물 위에 둘러서서 천사가 하강하는 것을 호위하는 것 같기도 하고 어떻게 보면 우애 많은 삼형제가 마주 앉아서 모든 재미있는 이야기를 속살거리고 있는 듯 싶습니다."(동아일보, 1926. 9. 4.)라면서 '용궁 같은 별세계'로 그렸습니다. 여전히 삼봉의 선계 이미지가 유효함을 보여주고 있습니다. 당시 신문 사진에는 중봉의 정자는 보이지 않습니다.

이사벨라 버드 비숍(Isabella Bird Bishop, 1831~1904) 여사의 여행기 『한국과 그 이웃나라들(Korea and Her Neighbours)』에 남한강 물길의 급류 이야기가 나옵니다. 충주 고을을 지나서부터 이전과 다른 양상이어서 "양자강(揚子江)의 급류들보다 분명 더 위험했고, 더 상류의 물이 내려옴에 따라 남한강의 계속되는 급류와 격류를 이루었다"고 기록하였습니다. 실제 80여 개의 여울이 있었으니 뱃길은 순탄치 않았을 겁니다. 구한말 남한강을 탐승했던 비숍 여사는 마포를 떠나 13일 후 단양에 도착하며 도담삼봉의 아름다움을 영국에 소개합니다.

한강의 아름다움은 도담에서 절정을 이룬다. 낮게 깔린 강변과 우뚝 솟은 석회 절벽, 그 사이의 푸른 언덕배기에 서 있는 처마가 낮고 지붕이 갈색인 집들이 그림처럼 도열해 있는데 이곳은 내가 어디서도 볼 수 없었던 아름다운 절경이었다. 잿빛 절벽은 한 무더기의 우산소나무들로 덮여있는데, 그 소나무는 모양이 흡사 어전(御前)에 있는 양산과 같다 하여 조선에서는 '우산소나무'라고 부른다. 강변의 입구에는 톱니 모양의 피라미드형 바위 세 개가 보초를 서듯 버티고 있었는데, 그 위에는 많은 개머루가 덮여 있었다. 이곳이 신성시되는 곳이라는 것은 더 말할 나위도 없다.

비숍은 삼봉의 아름다움을 놓치지 않고 섬세하게 읽어내었습니다. 비숍이 찍은 도담삼봉이 있었다면 최초의 사진이 되었을 텐데 아쉬울 뿐입니다.

단양의 물길은 감입곡류의 특징인 하안단구가 많기도 하지만 지질학적으로도 가장 모식적(模式的)이라고 합니다. 카르스트지형의 석회암이 녹은 뒤에 남은 산봉우리 모양입니다. 충주댐이 세워지기 전에 강변에 위치한 삼봉에 물이 차면서 수몰되지 않고 하중도 형태로 되어 남한강 물줄기 가운데에 놓여있는 것처럼 보입니다.

도담삼봉이 있는 매포(梅浦)는 단양 제천을 연결하는 길목이자 영월, 영춘에서 나는 물산을 물길로 나르며, 쉬었다 가는 길목이기도 했지요. 고단한 뱃길에 도담을 지나가면서 뱃사람들은 무슨 생각을 했을까요. 사공에게 넓은 모래사장은 배를 대거나, 닻을 내려 머무르기에도 더없이 좋은 자리였을 겁니다. 삼봉 또한 뱃길의 안녕을 기원했을 테지요. 뱃사람들에게 삼봉은 충주 중앙탑처럼 거리와 방향의 지표이기도 했지요. 영춘이나 단양이 얼마남지 않았다는. 하진나루(아랫나루)에 단양대교가 상진나루(윗나루)에는 상진대교가 있어 나루가 있었다는 징표임을 보여줍니다.

소설가 이무영(李無影)이 연재한 「단양유기」에 나오는 도담삼봉은 30년대 단양 물길을 묘사하고 있습니다. "초가 몇 채가 동그라니 선 모서리를 돌아서 앞이 탁 트인 강변으로

1959년 도담삼봉 뱃놀이. ⓒ김운기

나섭니다. 쭉쭉 하늘로 뻗어 올라 간 포플라 사이로 쪽빛 강물이 내다보이고 도담삼봉이라는 세 바위가 하잘 것 없는 손을 진객(珍客)처럼 맞아줍니다. 가관이니 절승이니 하는 말은 이런 곳을 가리켜 이름인가 합니다"(동아일보 1938. 7. 30). 그지없이 평범하다고 하며 공중에서 계곡을 굽어보는 기송(寄松)의 한 가지에도 견주기 어렵다고 하지요. 아마도 축첩을 시기하여 돌아앉았다는 비속한 이야기를 듣고 나서 썼을 것 같습니다. 초가 몇 채는 비숍 여사도 본 집일까요.

단양은 소금배가 올라오는 종점 역할을 한 나루터이기도 했지요. "올라왔소 소금배가 도담삼봉 양반들아/ 금년에도 철썩철썩 소금배가 당도했네", "잘 있거라 주모들아 변치말고 잘있으면/ 명년 삼월 돌아와서 다시 한번 만나보세/ 한양 뱃길 비틀비틀 소금배야/ 서러워서 못가겠네"(「띠뱃노래」 부분). 뗏꾼의 애환과 다시 돌아가기까지 머무른 나루터의 주막 여인과 약속할 수 없는 약속을 하며 안녕을 기원하는 노래처럼 동강의 물길과 연결되는 아라리권역 노동요이지요.

5억 년 전,
남한강을 따라 바다로 걸어가던
바위 삼형제는 도담에 이르러 아주 잠깐만
쉬었다 가기로 하였다

그래서 지금까지 쉬는 중이다

- 김주대, 「도담삼봉」 전문

　도담삼봉은 바다로 나아가는 중입니다. 그런데 삼형제는 여전히 긴 안거 중입니다. 그것도 5억 년 전이라니, 가부좌 틀고 물방석에서 수행 중이니 장군죽비도 필요 없을 듯합니다. 해인삼매(海印三昧)의 바다로 나가는 중이었을 것입니다. 쉬었다 떠난다는 것이 어찌 쉬운 일이겠습니까. 인연 따라 가는 것이겠지만요. 안거를 풀고 떠난다 해도 충주 고을 중앙탑 부근에서 다시 쉴 테고, 여주 고을에서도 한참 머물렀겠지요. 삼봉이 출가하지 않아도 이미 5억 년 이전부터 강물은 바다에 도착했을 것입니다. "화엄을 나섰으나 아직 해인에 이르지 못하였다/ 해인으로 가는 길에 물소리 좋아/ 숲 아랫길로 들었더니 나뭇잎 소리 바람 소리다/ 그래도 신을 벗고 바람이 나뭇잎과 쌓은/ 중중연기 그 질긴 업을 풀었다 맺었다 하는 소리에/ 발을 담그고 앉아 있다"(도종환 「해인으로 가는 길」)는 도담삼봉은 해인에서 꼼짝 못하더라도 삼형제는 우애 좋게 쉬고 있을 것입니다. 다시 5억 년이 지나도록.

# 장엄으로 펴는 바람의 경전
-진천 두타산 영수사 영산회괘불탱

　두타산(頭陀山)은 진천과 증평 사이에 병풍처럼 있습니다. 산 등을 경계로 보강천(寶崗川)과 초평천(草坪川)이 느릿하게 물길을 내다가 미호천(美湖川)에서 하나가 됩니다. 두타산은 큰 물난리에도 섬처럼 남아 이름을 지었다지만, 산해경(山海經)에 등장하지 않습니다. 비경으로 두고 싶은 마음 때문에 견고한 상상력을 발휘하지 않았을까요.
　절을 품은 두타산이 부처가 누워있는 와불 형상을 닮았습니다. 두타는 단지 안분이나 지족이 아니라 깨달음을 위한 위대한 여정입니다. 부처의 제자 가운데 제일은 마하가섭(摩訶迦葉)이지요. '두타'를 흔들어 털어버린다는 의미에서 본다면 두타산에 입산한다는 것은 번뇌와 집착을 내려놓는 것과 다를 바 없습니다. 멀지 않은 음성(陰城)에도 가섭산(迦葉山)이 있는 것을 보면 불교와 두타산은 친연관계에 있는 산입니다.

| 부처님 모습 같아 두타산(頭陀山)이라 하는데 | 山如衆佛號頭陀 |
| 비가 내린 하늘가 파란 빛깔이 엉키었네 | 雨洗天邊簇翠螺 |
| 달은 소나무 위로 높이 떠오르고 | 松上迢迢孤月擧 |
| 발 사이로 흐르는 그림자 너무 많은 듯하여라 | 入簾淸影十分多 |

- 한원진(韓元震), 「두타제월(頭陀霽月)」

    남당(南塘) 한원진(1682-1751)의 통산별업(通山別業) 제6경에 나오는 두타산입니다. 부처의 모습 같은 두타산, 달빛도 높이 떠오르고 파란 하늘이 짙고 소나무가 있는 모든 사물이 하나되는 두두물물(頭頭物物) 처처불상(處處佛像)의 자리입니다. 발 사이로 그림자가 흐른다니 풍요로운 적막이 흐릅니다. 백곡(栢谷) 김득신(1604-1684)도 두타산 가는 말 위에서 시를 썼을 정도니까요. '길은 길로 이어지니 끝이 없고/ 산이 높으니 내도 많아라/ 문득 가까운 곳에 절이 있는 줄 알겠다/ 숲 끝나는 곳에서 들려오는 저녁 종소리'라고 노래했습니다.

    끝없는 길 계곡으로 절간이 있어 '저녁 종소리'가 산골에 둘러싸여 연곡리 지날 때까지 들렸겠지요. '외로운 암자는 푸른 산 동편에 아득히 보이는데/ 은은한 종소리 들릴 뿐 보이지 않는구나'(정우섭,「두타모종」)처럼 두타산 종소리는 바람에 끊일 듯 이어져 들리니 신묘할 수밖에요. 보이지 않는 아름다움은 영원합니다. 텅 빈 자리 위엄 있는 두타산에서 은은하게 울려 퍼진 종소리는 승경을 잘 챙깁니다. 범종은 부처의 음성이기도 하여 종소리를 듣는다는 것은 중생을 제도하는 쇳소리가 내 안의 우주로 들어오는 찰나입니다.

영수사 괘불의 조성처는 화기에 있지 않습니다만, 인근의 법등(法燈)이 꺼진 백련암에서 이운해 왔다는 기록이 있습니다. 상계리 멱수마을, 서쪽 시루봉 아래 있던 백련암은 고적한 폐사지로 있습니다. 녹음이 한창일 때는 가시덩굴 잡목 숲에 있지만, 소멸의 빛을 땅에 묻으면서 긴 석축이 가을빛을 지우며 절터임을 알려줍니다. 홀로 저물어 묵묵히 자리한 터, 괘불대와 금당지는 어디에 자리했을까요. 하얗게 발길 끊어진 안온한 곳에서 옛 절터를 바라보는 일은 쓸쓸하지만, 매혹이 충만한 풍경입니다. 절골, 은적골, 샘골, 절이 있던 자리를 따라 겨울잠을 잔 사지(寺址)를 보듬고 깨워 일으키는 도량석이 필요한 시간입니다.

괘불과 목조관음보살좌상을 영수사(靈水寺)로 모셔왔으니 백련암 법등을 꺼트리지 않은 셈입니다. 목조관음보살좌상은 복장물이 없지만, 당대의 양식을 통해 조각승 혜희(惠熙)임을 말하고 있습니다. 목을 숙이고 어깨를 웅크린 모습이나 넓적한 상호, 옷의 주름으로 보았을 때 괘불하고 동시기에 조성된 듯합니다. 어쩌면 영수사 중창 불사 때 도반으로 온 것은 아닐까요.

구름 따라 한가히 거닐어 그윽한 승지 찾아 步屧隨雲入勝幽
꽃비 내리는 백련암에서 저물도록 노닐었네 白蓮花雨薄言遊
시 한 수 쓰니 구래공(寇萊公)에게 부끄러워 題詩愧乏萊公筆
어찌 사롱(紗籠)을 얻어 벽 위에 걸어둘까 安得紗籠壁上留

― 채지홍, 「지장사」

영수사 영산회 괘불. ⓒ 문화제청

봉암(鳳巖) 채지홍(蔡之洪, 1683-1742)은 이미 인근의 '지장사'란 제영시에서 '조용한 사찰 상서로운 구름 깊은 곳'으로 사찰이 참구하기 좋은 자리임을 알고 있었지요. 허리를 굽히지 않아도 온종일 세속의 번뇌를 발밑에 내려놓게 합니다. '백련암' 가는 길은 구름 따라 한가히 거닐어야 도착할 수 있는 곳입니다. 절간에 다가갈수록 또렷해져 마음의 무게가 지워지는 묘한 체험을 하는 순간 구름 사이로 들어오는 청아한 빛이 머무는 곳에 살포시 옵니다.

꽃비가 내리는 곳, 빗소리와 촉감을 오래도록 느낄 수밖에요. 부처가 설법할 때 무량으로 내렸던 꽃비는 아닐지라도 눈부신 체험입니다. 깨달음의 시 한 수를 건지더라도 오직 부끄러울 수밖에 없습니다. 백련암이 매만져준 선명한 지문 앞에 봉암이 하산을 재촉하는 것은 세속으로 돌아가야 함을 잘 알기 때문입니다.

영수사 괘불은 영산재(靈山齋), 수륙재(水陸齋) 등 죽은 자와 산 자를 위무하는 법회의 주 무대에 있습니다. 다른 지역의 괘불처럼 가뭄이 들면 객사외문(客舍外門)에 불화를 높이 걸고 승려들이 예배하고 주도(呪禱)하면 감응이 있었다고 하지요. 때로는 괘불이 사찰 경내의 의식은 물론 마을 공동체의 요구로 사찰 바깥에 마련된 불교 의식을 위해 내다 걸었습니다.

수륙재는 망자에 대한 중생의 고통을 달래면서 해원(解

冤), 해탈(解脫)하게 하여 번뇌 없는 세상으로 인도하는, 죽은 자와 산 자에게 평등하게 무병장수의 공양을 베푸는 의례지요. 사찰의 중정에서 펼치는 재는 불교 예술의 정수입니다. 범음, 범패의 음악, 나비춤, 바라춤, 타고춤, 법고춤의 무용, 영산회상을 재현한 괘불은 불공덕을 찬탄하는 연희적 요소까지 장엄하니 화려한 의식으로 중생에게 환희심(歡喜心)을 줍니다. 석가모니가 영취산(靈鷲山)에서, 인도 가지굴산에서 법화경을 설법하는 모습을 담은 영산회 괘불은 영산회상(靈山會上)을 서사적으로 재현한 성상입니다. 화면은 청문승(聽問僧)을 경계로 부처와 권속(眷屬)을, 하단에는 대중을 그렸습니다. 괘불은 경전을 이해하기 쉽게 한 폭에 그림으로 담은 것이 성스러운 그림입니다.

영수사 괘불은 현존하는 괘불 가운데 권속(眷屬)의 수가 가장 많은 140여 존상이 그려져 있습니다. 사천왕과 팔부중이 설법회를 지키는 가운데 본존불 가까이에는 언제나 그렇듯 가섭존자(迦葉尊者)와 아난존자(阿難尊者)가 있습니다. 그 위로 보살과 제석 범천(帝釋梵天)을 그림으로 풀어가고 있지요. 보살이 지닌 지물(持物)로 확인되는 보살은 문수보살(文殊菩薩), 보현보살(普賢菩薩), 관세음보살(觀世音菩薩), 대세지보살(大勢至菩薩)이 있습니다. 괘불을 보며 보살의 도상을 켜보는 엄숙한 시간이 필요합니다.

괘불을 앞에 두고 염불을 하거나 절을 올릴 때 말이 뚝 끊

긴 순간, 염화미소 하시는 보살님이 바로 모두가 찾는 그분입니다. 그 위로 나한과 제자의 다양한 머리 모양을 비교해 보는 것도 괘불을 보는 여러 가지 이유입니다. 괘불의 최상단에 벽지불(辟支佛), 팔금강(八金剛) 용왕과 용녀와 구름 사이로 비천(飛天)과 타방불(他方佛)도 있습니다.

본존불의 육계(肉髻)와 흰 광선을 따라가면 적색, 청색, 녹색으로 피어오는 빛이 천공을 채우며 하늘의 연꽃을 장엄한 보개(寶蓋)와 연결됩니다. 오색 서기(瑞氣)가 사방으로 뻗어나가고 불보살(佛菩薩)이 마치 구름을 타고 내려오는 것처럼 보입니다. 상단의 장소에서 푸릇한 한량없는 도량이기에 여여한 장소, 그 자체로 존엄한 것들을 더욱 존엄하게 돋보이게 하는 장소입니다. 오랫동안 구름을 바라보아도 눈과 마음이 편안합니다.

하단은 석가모니불에게 청문하는 비구를 두고 청중과 교화성중(教化聖衆)의 공간입니다. 상단보다 작게 그려 위계를 보여주고 있습니다. 오른편은 주악천녀(奏樂天女)가 번과 부채를 들고 장구, 피리, 북, 생황, 비파, 편종, 훈, 박을 연주하거나 가무를 하는 것은 괘불에서 흔히 볼 수 없는 장면입니다. 「방편품(方便品)」(『법화경(法華經)』) 내용을 도상으로 보여준 것이지요.

다만 보살이 교화하여 무량 중생을 건졌노라. 어떤 사람은 탑과 묘나 불상이나 화상(畵像)에 꽃과 향과 번개(幡蓋)로써 공경하여 공양하거나 사람을 시켜 풍악을 울리고, 북도 치고, 소라를 불며, 퉁소·거문고·공후나 비파·요령·바라들 이와 같은 묘한 음악을 정성으로 공양하며, 환희한 마음으로 노래 불러 찬탄하되 한마디만 하더라도 다 이미 성불했고…

괘불을 그린 화승(畵僧)은 명옥(明玉), 소읍(少揖), 현욱(玄旭), 법능(法能)입니다. 괘불을 그리는 스님을 화원(畵員), 금어(金魚), 편수(片手)라고도 하지요. 괘불은 대작불사이기 때문에 화승집단에게 의뢰하여 제작됩니다. 현욱은 조각승이기도 해서 대구 보성선원 불상을 제작한 승려장인이었지요. 붓을 든 수행자였던 화승이 밑그림을 그리기 위해서 수천 장을 그리고 나서 불초 작업이 주어집니다. 괘불은 선에서 시작하여 선으로 끝나기에 평정심을 가져야만 염원을 담을 수 있었지요.

괘불은 사찰을 방문해도 아무 때나 볼 수 있는 불화가 아닙니다. 괘불의 석가모니를 비롯해 존상과 권속의 장식을 통해 위엄을 드높이기에 그림을 보자마자 신심이 나올 수밖에 없습니다. 괘불 자체가 성스런 설법의 장면입니다. 영상매체가 존재하지 않았던 시절 괘불은 전법의 상징이자 구심점이었습니다.

동서로 영수사와 백련사가 마주보고 있다. 1892년 진천현 지도.
ⓒ서울대 규장각

 영수사 괘불의 각 인물은 시선과 자세의 방향에 변화를 주고 있습니다. 만화의 주인공처럼 해학의 표정으로 졸고 있거나 밀집된 구도에서 옆을 바라보거나 뒤 또는 정면을 바라보며 딴전을 부리는 화불을 보며 한숨 돌리는 여유도 볼 수 있습니다. 그만큼 괘불의 인물이 많아 모든 인물이 부처를 향한 도상이 아니어서 무리에서 다른 누군가를 찾는 장면은 재미있기도 합니다. 경건한 법회에서 경직되지 않음이 더욱 사람다움을 느껴 거리를 두지 않으려는 화승의 태도이지 않았을까요.

 부처님이 온몸에서 빛을 내기에 괘불에서는 불꽃의 이미

지를 가지고 와서 두광(頭光), 신광(身光) 빛살을 볼 수 있습니다. 키형 광배(光背)가 특징인데, 영수사 괘불 화염문은 금방이라도 하늘을 뚫을 기세입니다. 방사형 빛은 상서로운 기운이어서 괘불을 친견한다는 것은 이미 영험함을 받는 셈이지요. 도상 하나하나가 장엄 아닌 것이 없기에 더 그렇습니다.

괘불은 중생을 위한 부처의 자비정신을 불교예술로 승화한 것입니다. 종교적 성스러움에서 한 장의 불화를 그리는 것이 화승에게 수행이자 신심으로 그리는 그림자 신앙이 되는 것입니다. 화승은 구도의 길을 가듯이 법화세계를 눈으로 읽는 경전을 펼칩니다.

아쉽지만 괘불 작법 의식을 볼 수 있는 기회는 많지 않습니다. 괘불의 나이보다 생존해 있는 것들은 역설적으로 그만큼 적게 펼쳐진 이유도 있습니다. 다른 지역의 괘불과 달리 영수사 괘불은 오랫동안 괘불함에서 누워있습니다. 초파일 하늘 아래 나투시는 부처님께서 툭툭 일어나셔서 공양을 올리는 꿈을 두타산은 이해해주려는지 온종일 봄빛을 되돌리는 싸라기 눈발이 바람에 찹니다. 바람의 경전을 풀어주시는 괘불의 출타를 기다립니다. 영수사 괘불이 서울 나들이 가기 전 부처님이 가섭에게 마지막으로 관 밖에서 두 발을 내밀

었듯 괘불의 부처님도 마실 나와 두타산 숲에 걸려있었으면 하는 바람이 있습니다. 텅 빈 절을 혼자 지키셔도 좋습니다.

영수사 영산회 괘불, 시방불. ⓒ문화재청

# 탑이 있지, 붉은 벽의 전탑
-청주 탑동 5층 석탑, 탑동 양관

사물을 호명하여 물들이듯 땅에도 이름이 있습니다. 땅의 모양이나 생김새, 산길과 물길의 성격이나 위치에 따라 사람들이 부르게 되면 장소와 공간에 입힌 옷을 입습니다. 탑동은 탑이 있는 마을이기에 탑동이라 불립니다. 마을 한복판에 탑이 있다는 것은 스스로 존재 이유를 보여주고 있는 거지요. 보이지 않는 절, 탑을 중심으로 금당, 석등이 줄을 서 있고 크고 작은 지대방(절의 큰 방 머리에 있는 작은 방)이 자리함을 마음으로 그리는 시간이 필요합니다. 탑은 세월 속 고요함을 지키며 누군가의 탑돌이를 기다리는 듯하고, 도회지 불빛 너머 천 년 전 이름 없이 서 있던 이 장소에서 사람들에게 상상의 여운을 남겨줍니다.

하루 기운이 가장 충만한 시간은 누군가 이 도량에서 탑돌이를 하며 모든 생명들에게 부처님의 가르침을 전할 때였습니다. 이러한 장엄 의식이 탑골은 물론 남다리 건너 멀리

까치내까지 유장하게 흘렀습니다. 온 처처를 청정하게 하려는 스님의 도량석은 쩌렁쩌렁 '신묘장구대다라니(神妙章句大陀羅尼)'에서 '참회게(懺悔偈)'까지 목탁을 치며 경내를 돌면 무명의 새벽이 옵니다.

'탑동 5층 석탑'은 아직도 풍경소리를 기다리는지 몸돌에 지붕돌이 불안하게 앉아 있습니다. 눈 밝은 사람들은 몸돌의 사면불과 영적인 대화를 나누기도 합니다.

청주 구법원을 기억하는 분은 탑동 하면, 청주형무소와 양관(洋館)을 떠올립니다. 청주읍성으로 들어오는 옛길은 금천동(金川洞)에서 탑동(塔洞)으로 오거나, 대성동(大成洞)에서 금천동으로 가는 길목의 호두나무고개와 모두 연결됩니다. 이 길은 청주읍성 동문이나 남문으로 가기 위한 목이기도 하지요. 탑동로와 영운로(永雲路)가 만나는 지점은 물레방아가 있던 자리였습니다. 언덕바지 아래 물레바퀴를 돌릴 수 있는 충분한 물길이 있었다는 거지요. 발동기가 돌리는 방앗간에 자리를 내주기까지 절구는 곡식을 찧어 마을 사람들에게 공양을 올렸습니다. 이 길을 따라 내려가면 남석교와 제일교회로 가게 됩니다. 탑동에서 교동으로 가는 길은 자전거를 타거나 걸을 때 아주 쾌적한 옛길입니다. 수암골 따라 청주대학교까지 갈 수 있고 당산에서 향교로 이어지는 길은 누구라도 사색에 잠길 수 있습니다. 샛길로 이어져 묵은 골목의 이야기를 들을 수 있으니 더 좋지요.

지금은 탑동에서 금천동 양달말에서 내려오는 물길을 찾을 수 없지만, 100년 전 지도에는 탑동 힐데스타워 입구가 벽돌과 도자기를 굽는 자리였습니다. 좋은 흙과 맑은 물이 만나 불에 구워 다룰 수 있는 장인이 있던 곳이지요. 고지도와 고문헌에 등장하지 않는 청주 벽돌생산은 탑동 양관과 관련이 있어 보입니다.

청주 탑동 5층석탑. ⓒ국립중앙박물관

민로아(F.S.Miller) 선교사는 탑동 양관을 지을 때 필요했던 흙과 넓은 장소가 있다고 했는데 궁극의 터였던 거지요. 벽돌의 색상과 질감은 흙의 입자와 굵기에 따라서 다르게 나옵니다. 채취한 흙에 따라 장소의 이름을 부른다고 한다면 탑동 양관표 벽돌이라 불러도 좋습니다. 흔히 말하는 교회 건축이나 근대건축물에 필요했던 붉은 벽돌은 우리 기술로 만들 수 없어 화교 공인을 데려와야 했습니다. 물론 벽돌을 쌓는 기술도 전무하다 보니. 당시 교회 건축이 화교에 의해 이루어질 수밖에 없었습니다.

탑동에는 침묵에 쌓인 양관이 있습니다. 서양식 건축양식

민로아 기념관 3D 배면. ⓒ청주시청

에 따라 지은 집을 양관이라 했지요. 양관은 선교사들의 주거 공간이자 교육선교, 의료선교를 할 수 있는 장소입니다. 청주 탑동은 근대화 공간이자 미국 북장로교회 선교기지였습니다. 선교사들의 공간은 대부분 도회지 외곽 언덕에 있습니다. 청주읍성과 남들 풍광이 시원하게 보였을 청주 탑동을 선교 중심지로 판단한 것은 교통이 편리했기 때문이지요.

선교 거점기지 근처에는 병원과 교회가 선교주택과 함께 있었습니다. 탑동 동산을 순례하듯 걷다 보면 선교사들만의 독립적 영역배치를 읽을 수 있습니다. 청주 동쪽 우암산 자락 끝에 양관이 자리한 것은 어떤 인연 때문일까요. 양관이 자리한 지도를 보면 무심천 건너 고당마을이나 사직동 쇠내울 지나 영운 동산을 고려할 수도 있었을 겁니다. 반지하까지 포함하면 3층 높이의 붉은 벽돌 건물은 볼거리였습니다. 산마루를 따라 자리잡아 사방을 조망할 수 있는 배치로 노을이 오랫동안 마당에 머무는 명당입니다.

 양관을 기획한 민로아 선교사는 탑동 동산에 선교부 부지를 구입했습니다. 문학을 전공한 그는 한국어에 능했습니다. 그의 기록에 절의 흔적이 있었다고 하니 폐사지는 무량의 윤회를 돌아 선교사에게 자리를 이어준 셈입니다.
 양관 건설 공사는 큰 구경거리이자 일거리도 제공했습니다. 제물포역에서 출발한 화물을 조치원역에서 우마로 지고 날랐다고 합니다. 태평양을 건너온 유리, 문, 창틀, 마루재, 난방시설 등 다양한 재료들을 조합하여 청주 최초의 서양식 근대건축물을 만든 것입니다.

 서울 연지동이나 대구 동산의 청라언덕 선교사의 언덕이라 불릴 정도로 선교사의 주택이 모여 있었지만, 6개 동 모두 온전하게 있는 곳은 청주 탑동 양관이 유일합니다. 동산 아래 쇠내울편으로 양달말 사람들이 살았고 읍성이 잘 보이는 거리에 위치한 선교사 주택이 노방전도 하기에 최고의 목임을 민로아는 잘 알고 있던 거지요.

 조망이 뛰어난 입지, 붉은 벽돌의 이국적인 건물은 그들의 존재를 알리는 계기였을 겁니다. 넓은 잔디 언덕에 숲으로 둘러싸인 농장에는 딸기밭, 사과 과수원, 우사와 축사가 있었고, 젖소를 사육하는 목장도 있었습니다. 무려 5만여 평이니 1호 양관 지나 삼일맨션 위까지가 양관의 땅이었습니다.

넓은 양관 부지는 아쉽게도 반토막도 남지 않았습니다. 60년대 항공사진을 보면 양관 주변으로 넓은 초지와 숲이 있었고 넓고 고운 잔디밭과 2호관과 3호관 사이를 이어주던 구름다리까지 있었습니다. 길을 넓히면서 오래된 고목이 잘리고 다리도 사라져 추억만 남았습니다. 구름다리고개란 이름만 남기며 양관 능선은 섬이 되어 버렸습니다.

초가와 한옥 일색이던 청주에 선교사들의 붉은 벽돌주택은 근대화와 신문물의 상징이었습니다. 변색되지 않고 세월과 함께 고풍스러운 멋을 더해가는 따뜻한 세월의 흔적을 간직한 붉은 벽돌의 매력은 벽돌 한 장을 올려놓을 때마다 갖는 무게감과 안정감입니다. 언제부터인가 탑동의 랜드마크로 마치 붉은 전탑처럼 보입니다. 양관은 한국전쟁의 포화와 도심 난개발 속에서도 살아남았습니다.

청주 탑동 양관은 건축디자인으로 보면 콜로니얼 양식을 담았습니다. 대칭적 외관을 갖춘, 장방형 건물에 1층과 2층 창문의 형태가 특징적이며, 굴뚝은 건물 뒤쪽 끝부분에 있습니다. 탑동 양관이 이국풍이지만, 지붕 치마를 여러 겹으로 겹쳐놓아 한옥의 처마와 묘한 어울림을 볼 수 있습니다.

양관 구름다리. (1960년대) ⓒ프린스턴신학대 도서관

아름다운 일신학교 내에 양관은 자리하고 있습니다. 여학교 안에 있어 접근하기 쉽지 않습니다. 고립되어 무탈하게 잘 버틴 큰 이유 중의 하나일지도 모릅니다. 매일 양관을 마주하며 지나는 학생들에게는 학교의 낡은 부속건물로 불편함을 줄지도 모릅니다. 붉은 벽돌집의 사연을 훗날 알게 되겠지요. 지붕 위의 굴뚝, 창의 위치를 보는 것도 재미있습니다. 빛을 안으로 끌어들이는 건축 요소로서 세상과 소통하는 통로이자 투명한 벽의 방향을 경관과 함께 보면, 창문 하나하나와 집의 위치와 거리가 달라 보입니다. 앞에서 바라

탑동 양관. (1932년). 오른쪽 산이 당산이다.

보거나 마음이 내주는 길을 따라 다른 사연과 함께 100년 전의 청주에 살았던 선교사의 삶을 엿볼 수 있습니다. 편의상 동쪽에서 서쪽 능선을 따라 1호관부터 6호관까지 번호로 부르고 있는데, 고유한 이름 대신 숫자로만 불리는 것이 아쉽습니다.

오랫동안 건물의 역사와 함께한 선교사나 기념주택, 병원을 짓기 위해 기부한 사람의 이름을 부르는 것이 좋을 듯합니다. 소열도기념관, 부례선기념성경학교, 민노아기념관, 포사이드기념관, 소두의기념관, 던컨병원(소민병원)이라 불러야 합니다.

한편 양관은 청주 선교사의 쉼터였을 뿐만 아니라 청주 근현대와 함께한 역사 그 자체였습니다. 3·1만세 운동 소리는 물론 해방의 기쁨을 청주시민과 함께하며 자리를 지켰습니다. 선교적 측면에서 순례의 처소이자 건축문화가 담긴 장소적 가치를 갖습니다. 영화 〈덕혜옹주〉, 〈대장 김창수〉, 드라마 〈미스터 션샤인〉, 〈오늘의 탐정〉의 배경이기도 해서 더욱 사랑받는 장소가 되었습니다.

양관 3호는 청주방송국이 을유년 6월 개국한 호출부호 JBQK 주파수 600㎉ 라디오 전파를 송출한 장소이기도 합니다. 근대문물이었던 라디오를 통해 희망의 메시지 청주라디오국은 해방 후 HLKQ로 받기까지 다시 2년이 걸렸습니다. '미군환영 방송기념 제일교회 합창단' 사진에서도 보듯 개국 당시 연주소가 탑동이었음을 알 수 있지요. 산등성이에 안테나를 세워야 하는 최적의 장소로 탑동 동산을 택했을지도 모릅니다. 청주방송국이 남문로 시대를 열 때까지 방송 송출과 제작을 했던 것입니다. 탑동 양관은 도민에게 지역 소식은 물론 일기예보, 생활정보 전달, 음악방송, 라디오 드라마로 시민과 희로애락을 함께한 방송미디어 센터였던 셈이지요.

한때 양관 4호, 5호는 청주사범학교 기숙사로 사용하기도 했습니다. 사범학교가 완성되지 않았을 때 신입생들의 숙소로 쓰였습니다. 타지에서 온 학생들은 벽난로까지 있는 곳에서 교사의 꿈을 꾸었을 것입니다. 병오년(1906년) 청주 대홍수 때는 수재민 구호로 사랑을 실천한 곳이기도 했습니다. 한국전쟁 때는 인민군 야전병원으로, 피난민 수용소가 되기도 했으니 탑동 양관은 시대의 상흔과 함께하며 팔복을 뚜렷이 들을 수 있게 한 말씀의 공간이었습니다.

'만나는 것에게 무엇이 되길 원하는가'라는 물음에 대한 답은 순전히 봄 바람이 아닙니다. 특별한 순간을 만나게 해주는 반복과 규칙에서 일탈도 해보고 최선을 다하게 하는 탑동의 탑이 자꾸 등을 떠밉니다. 타임머신을 타고 돌아갈 수 있다면 탑을 세운 석수장이를 찾을 수 있을까요. 매화 향기 따라 민로아 선교사를 저자거리에서 만날 수 있을까요. 탑동 양관은 어느새 봄의 혼잣말을 들었는지 어제의 잘못을 너그럽게 용서해줄 것처럼 서 있습니다. 뒤돌아보지 않아도 세상의 중심을 걸어가고 있음을 알게 해줍니다.

# 법화의 법은 모르더라도
-괴산 연풍면 원풍리 마애이불병좌상

'아득히 들린 건 물소리뿐이네/ 사방으로 산 높아서 해 가리고/ 나무가 빽빽해 꾀꼬리도 숨었네' (이승소,「연풍」), '고을은 산이 두르고/ 냇물은 지면을 싸고 소리내며 흐르네'(홍귀단,〈연풍(延豊)을 읊은 시에 차운하여〉). 현감이 울고 왔다 울고 갈 정도로 연풍은 산골벽지였습니다. 연풍은 괴산에서도 가장 오지이지만 추풍령처럼 여러 개의 길이 지나고 있습니다. 오래된 길 사이에 하늘재, 새재, 이화령이 있지만, 여전히 연속성을 지닌 통로 역할을 하는 것은 이화령뿐입니다.

옛 지명 이화현(伊火峴)이 언제부터 이화령(梨花嶺)이라 불렸는지는 잘 모르지만, 육지측량부지도(1916)에 등장하는 것을 보면 일제강점기에 바뀐 듯합니다. 이화령은 문경에서는 아우릿재, 조선지지자료(1911) 연풍군 편에는 '리

우리'로 기록되어 있습니다. 여럿이 함께 넘어가는 고개라는 것이요.

　지도에 표기된 지명과 연풍골 사람에게 구전되는 이름이 다를 수밖에 없습니다. 연풍과 문경을 사이에 두고 호서와 영남을 잇는 고개의 사연을 말로 다 할 수 있을까요. '사랑은 산정에서 구름을 기다리는 것이 아니라/ 산을 내려가는 물의 마음이라는 것을 깨달은/ 뒤늦은 소식 하나 안고/ (안상학,「이화령」) 물처럼 길을 내야 할 뿐입니다.

　사통팔달 연풍은 정조 때 제작한 『호구총수』(戶口總數)에 비하더도 인구가 적습니다. 이화령에 담긴 삶의 사연은 물론 발자국도 지워집니다. 속도의 시대 길의 존재 이유는 뭘까요. 늦은 밤에도 질주하는 자동차는 고요를 깨우며 풍경과 심상을 깨뜨린 지 오래입니다.

　교통 접근성이 좋아졌다지만 대중교통의 불편하여 연풍에 가려면 파발의 시절로 돌아가듯 자유롭지 못합니다. 도회지를 위해 길을 내니 공동체가 분열될 수밖에요. 속도와 직진이 관계를 자꾸만 지우는 동안 길 위의 존재는 지상을 떠나고 있습니다. 산과 바람의 수근거림도 이제 들어줄 사람이 없을 정도로 소식이 막혀있습니다.

　이화령을 지나 원풍천(院豊川)과 쌍천(雙川)이 만나는 지

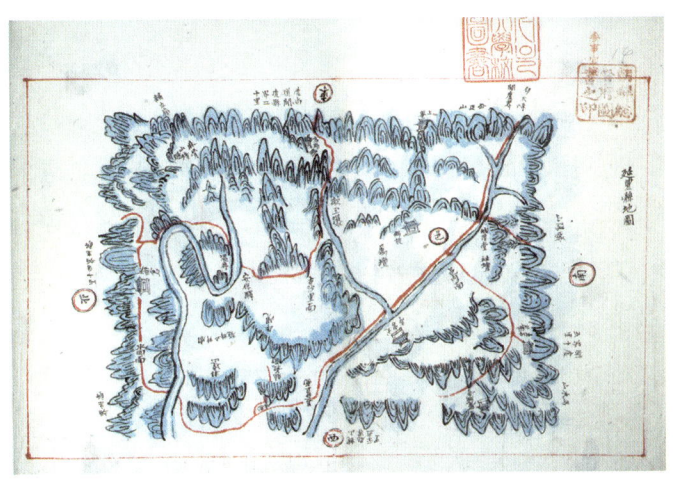
연풍현읍지. (1899) ⓒ서울대 규장각

점이 연풍입니다. 이 물길을 따라 달천이 남한강을 지나 느린 길을 만들며 하나가 됩니다. 벽초 홍명희, 신경림 시인도 유장한 물의 침묵을 결코 가볍게 받아들이지 않았습니다.

아지랑이가 걸어온 들판을 따라 소조령(小鳥嶺)을 걷다 보면 원풍리 마애이불병좌상(磨崖二佛並坐像)이 있습니다. 길눈이 밝지 않아도 혼자 걷는 사람에게 환하게 미소 짓는 부처입니다. 거대한 바위에 새겨진 두 부처가 나란히 앉아 계신 좌상은 흔히 볼 수 없습니다. 큰 바위를 둥글고 깊게 판 뒤 좌불 2구를 나란히 배치한 것이지요.

이불병좌상의 도상은 「견보탑품(見寶塔品)」, (『묘법연화경(妙法蓮華經)』)에 문헌적 인연을 두고 있습니다. 드라마틱하면서 장엄의 극치를 보여주는 장면이지요.

… 이에 석가모니불께서 오른 손가락으로 칠보탑의 문을 여시니, 큰 성문의 자물쇠가 풀리어 열리는 것과 같이 큰 소리가 났다. 그때 거기 모인 모든 대중들은 보배탑 안의 사자좌에 산란치 않으시고 선정에 드신 다보여래를 보았으며 또 그의 음성을 들었다. 거룩하시고 거룩하시도다. 석가모니불께서 이 『법화경』을 쾌히 설하시니, 이 경을 듣기 위하여 이곳에 이르렀노라.… 그때 보배탑 가운데 계신 다보불께서 자리를 반으로 나누어 석가모니불께 드리고 이렇게 말씀하셨다. 석가모니불께서는 이 자리에 앉으소서. 그러자 곧 석가모니불께서 그 탑 가운데로 드시어 그 반으로 나눈 자리에 가부좌를 틀고 앉으셨다.

석가모니는 칠보탑(七寶塔)으로 들어가 다보불과 자리를 함께하여 대중을 설법하였지요. 칠보탑이 땅을 가르고 공중 가운데 솟아올랐는데, 500 유순이라 함은 무량의 높이니 장엄의 끝판일 수밖에요. 탑은 오천의 난간(欄干)에 감실(龕室)이 천만입니다. 영산회중부터 시방제불까지 꽃비도 내리고 오색구름까지 몰려오니, 흥행은 이미 만석입니다. 마침내 다보불의 서원이 이루어지는 장면입니다.

이 배경은 이미 운강석굴이나 용문석굴에서 크게 유행하여 중국의 수(隋), 당(唐)까지 성행한 바 있습니다. 통도사 영산전 견보탑품 벽화를 보면 한량없는 장엄과 보배로움으로 채웠음을 알 수 있습니다. 원풍리 마애이불병좌상의 경우 하단 여백을 공중으로 본다면, 칠보탑에 비할 수 없더라도 감응을 채울 자리는 차고도 남습니다. 두 부처님이 감실을 나와 조령산에 포행(布行) 가거나 연풍 장날 지천인 봄것들을 구경 가는 것을 상상만 해도 좋지요. 잠시 자리를 비우는 것은 누군가의 도반이 되어 징검다리가 되기 위한 일일지도 모르지요.

괴산 원풍리 마애이불병좌상. ⓒ문화재청

이불병좌상은 새재와 이화령과 연결되는 교통로에 있습니다. 이화령을 통해 수안보로 가는 길에 사람들은 안녕을 기원하며 지났겠지요. 지붕 같은 감실을 만들어 초대형 마애불을 세웠고 돌에 새김이 낮은 부조임에도 입체감을 살렸습니다. 불상을 만나는 방식이 있다면 마음에 가까이 있든 멀리 있든 보는 이의 마음에 있습니다.

원풍리 이불병좌상의 상호(相好)는 속세의 중생을 닮은 듯 친밀하게 보입니다. 교리에 엄격한 도상과 달리 평온한 시선과 그윽한 다정함을 지닌 부처님은 더욱 푸근해 보입니다. 가늘고 긴 눈, 긴 코, 일자인 입, 두 불상이 쌍둥이 부처같이 보이지만 마음 내려놓고 보면 눈매도 서로 다르고 법의 착의법도 같지 않습니다. 세월이 바위에 스며들고 마모되었기에 선을 채우고 비우며 누가 부처고 다보불인지 물어야 할 시간이 옵니다. 흐리게 보이는 협시불(夾侍佛)에 삼산형 모자를 볼 수 있다면, 분명 시절 인연의 꽃대가 모르는 사이에 핀 것입니다.

충주지역에 자주 보이는 불상양식이 반영되어 있는 특징으로 광배(光背)와 화불(化佛)을 들 수 있는데 두광(頭光)을 화불로 채웠습니다. 이불병좌상이 위엄이 느껴지기보다 온화하며 친근한 느낌이 드는 것은 무엇 때문일까요. 어색함이 엿보이는 몸의 과감한 생략도 볼 수 있지요. 고려 석불이 거대화 대중화되어서 조형물이 커질수록 저부조를 선호하며 소박해질 수밖에요.

　원풍 이불병좌상을 평온하게 보기 위해 햇살과 시간은 물론 계절을 잘 살펴야 합니다. 햇발의 휘도에 따라 질감과 양감이 다르게 보입니다. 때로는 여래의 눈빛을 만나는 순간을 기다려야 합니다. 여래는 한참을 이 자리에서 기다리고 있었지만, 중생은 기념촬영을 찍자마자 하산합니다. 달빛 아래 이불병좌상은 어떻게 오실까요. 이번 순례길은 유감스럽게 구름이 잔뜩 내려 아쉽지만, 상견례를 끝내고 사진을 담는 것으로 만족합니다. 기약 없는 약속을 기대하고 싶은 것은 봄의 기운과 여래 때문입니다.

　연풍의 원풍은 성스런 장소입니다. 길을 통해 사람의 삶을 연결하기 때문입니다. 병좌상은 정말 발해(渤海) 유민이 만들었을까요. 아니면 충주지역 장인들이 만들었을까요. 발해적 요소로 보수성을 들 수 있는데, 당대 조각 양식과 달리 옛 양식을 지니고 있다는 것은 고구려 불상을 승계한 것으로 보입니다.

　마애이불병좌상은 연풍을 지켜온 고요의 중심에 있습니다. 연풍에 거주하거나 이화령을 넘은 사람들의 이야기가 끊임없이 제작되고 있으니까요. 층층이 쌓이는 장소에서 주는 감각을 일깨우고 마음을 선물해 주고 봄날의 하루를 오래도록 기억하게 합니다.

 이화령은 알고 있을까요. 연풍에 와야 연풍의 근원이 물음 끝에 온다는 것을, 그리하여 연풍이 흔들리고 있다는 것을. 연두에게 느리게 오는 봄의 발걸음이 쓸쓸하지 않다는 것을. "이울어진 운명의 사람들이/ 넘나들던 이우릿재/ 구비야 구비야 눈물이로구나(김시종, 「작은 새재, 이화령」)
 연풍향교 대성전 뒷산 별처럼 내려온 냉이꽃이 맨몸의 군무를 쉬지 않고 보여주는데, 하필 발목이 자꾸 저려 절뚝절뚝 내려옵니다. 통증이 어디서 온 것인지, 부처의 자비는 멀리 원풍천에 내립니다.

동여도. ⓒ서울대 규장각

제4장
## 느린 기다림

# 물길과 산길이 만나 다시 물길을 여네
−충주 목계나루, 가흥창

마음이 답답해 어디라도 떠나고 싶을 때는 강바람 맞으며 남한강 상고대를 보고 싶습니다. 운 좋게 물억새 춤사위 소리를 들을 수 있다면, 시간을 기다려 붉게 물드는 석양을 카메라 깊숙이 채워도 좋습니다. 철길 나기 전 내륙 물길의 중심이었던 남한강을 깨우며 강과 함께 살아온 사람들의 흔적 따라 저무는 것만으로 법문을 듣는 셈입니다.

남한강을 따라 탐승하는 것은 일찍이 조선 선비들의 풍류 여정이었지요. 배를 타고 자연을 탐미한다는 것은 출렁임과 흔들림에 익숙해져야 합니다. 산 넘고 물 건너 간다는 건 자연을 통해 물아일체(物我一體)가 되는 것입니다.

강은 사람들에게 새로운 길을 열어야 하는 출발점이자 도착지이기도 했습니다. 속리산에서 내려온 물길이 다시 달래강과 합류하여 더 큰 물줄기인 남한강이 되는 중원산수의 근원에 충주가 있습니다.

조선시대 충주는 새재와 죽령(竹嶺)을 넘어 영남대로와 영남우로가 지나는 교통의 요지였지요. 산길과 남한강의 물길이 만나는 길목으로 영남좌로가 지나는 추풍령로와 청주 고을도 가까이 있으니까요. 나라의 주요 동맥이라 할 수 있는 영남의 삼대 관문이 청풍명월의 고장을 지나는 셈입니다. 18세기 4대도시의 하나였지요. 길손에게 남한강이 친밀한 것은 강을 따라 길을 품어주고 끊어진 길을 이어주기 때문입니다.

다리가 없던 시절 『조선지지(朝鮮地誌)』를 보면 남한강에 많은 나루터가 있음을 알 수 있습니다. 나루터가 많다는 것은 육로의 증가뿐만 아니라, 수운(水運)이 활발하여 내륙수로의 가치가 높았다는 거지요. 즉 진도(津渡)의 교통량이 늘어남에 따라 포구가 발달하고 수로 변의 마을은 주요 길목을 잇는 곳일수록 나루터 운명과 함께 했습니다.

남한강을 다니던 내륙의 배는 바다를 항해하는 배와 달리 수참선(水站船) 또는 평저선(平底船)이라 불렸지요. 배의 바닥이 평평해서 불린 이름인데, 파도와 조수 장애가 없는 대신 강수량과 곳곳에 널려있는 여울의 제약이 많았지요. 평저선은 여울을 지나기 위한 이상적인 구조였어요. 배의 폭에 비해 길이가 긴 것이 바다 배와 다른 점이기도 합니다. 배 밑

바닥이 깊지 않은 것은 더 많은 화물을 싣기 위해서입니다.

'이물바우'라고 불리는 뱃머리는 물살을 밀고 나가기에 유리했을 것입니다. 평저선은 속력이 느리지만 날렵한 역삼각형의 배와 달리 흔들림이 심하지 않고 물에 잘 가라앉지 않았습니다.

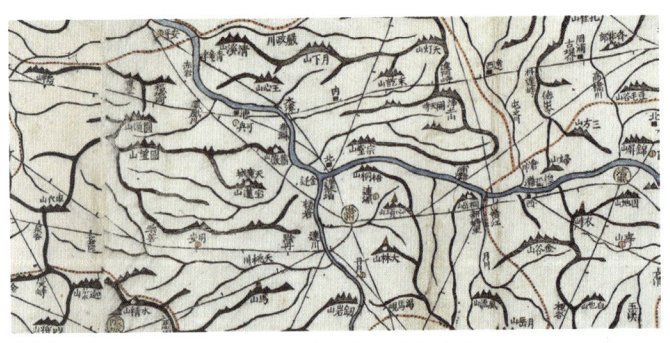

대동여지도. 충주, 장미산 아래에 가흥과 목계가 있다.

충주 물길은 나라에서 관리했던 가흥창(可興倉)과 마주하고 있는 목계나루를 빼놓고 말할 수 없습니다. 가흥과 목계는 새로운 통로이자 결절점이 양안에 있는 남한강 물길의 물류 터미널과 같던 곳이지요. 남쪽의 가흥은 조세창고로, 북쪽의 목계는 상업 포구였습니다. 강을 통한 물류 이동이 육로보다 빨랐고, 수운을 대체할 운송 수단이 없던 시절이었으니 한양에서 충주까지 국내외 사신행차길이기도 했습니다.

가흥창은 국가 조세의 물화가 모이는 가장 큰 물류창고이어서 스무 척 이상의 조운선(漕運船)을 지녔습니다. 세곡을 수납하여 보관하고 운송을 집행하던 곳으로 국가재정의 중요성 때문에 수참(水站)에서 직접 관리했습니다. 또한 가흥창과 가흥역이 함께 공존하는 수륙양로의 허브였던 셈이지요.

김창협(金昌協, 1651~1708)은 산수 기행시를 많이 썼는데. 가흥창 부근을 아주 생생하게 묘사하고 있습니다. 「가흥을 지나는데 강물이 맑디맑아 내 마음을 기쁘게 하다」라는 노래를 통해 당시의 남한 강변의 생생한 모습을 날것 그대로 보여줍니다.

| 굽이마다 느낀 정취 다르고말고 | 回轉每殊致 |
| 울퉁불퉁 기암괴석 여기 또 저기 | 磊磊奇石見 |
| 반짝반짝 흰 모래 덮이었는데 | 炯炯素沙被 |
| 깊은 물엔 비단 무늬 펼쳐져 있고 | 縠文布淵淪 |
| 빠른 여울 화살보다 한층 더 빨라 | 竹箭讓湍駛 |
| 구름과 해가 번갈아 서로 비추니 | 雲日遞相照 |
| 시시각각 변화하는 경치로구나 | 景氣多變異 |

기암괴석, 흰 모래, 비단 무늬의 물결, 빠른 물살만으로도 남한강이 주는 치유와 살림의 기운이 느껴집니다. 한편 남한강은 다산 정약용이 중요한 순간마다 들렀던 물길이기도 합니다. 목계나루에서 상류로 올라가면 연꽃이 지천으로 피

어있다는 하담(荷潭)은 그의 조상과 형을 모신 곳입니다. 당연히 하담 인근의 가흥과 목계가 시가에 자주 나옵니다. 「고기잡이하는 조그만 배를 타고 충주로 가면서 쓴 시」를 보면 가흥창의 '역참 배는 대숲처럼 빽빽이 떠 있고', '막희라는 이름의 여울이 있어/ 이곳을 항해하기 어렵구나', '백회칠한 담장은 띠처럼 둘러있고/ 감청색 기화는 용마루에 보이는데'(『다산시문집』 제7권)라는 대목만 보아도 장관입니다. 가흥창은 한양으로 가는 수로의 시발점이자 종착지인데, '막흐레기' 여울은 남한강 물길에서 이름난 거센 물살이었습니다.

당시 한강 수운 조건은 계절에 따른 제약이 많았습니다. 물길의 유량 차이가 크기에 실제 배가 다닐 수 있는 기간은 길지 않았습니다. 겨울철 결빙의 시간이 있었음에도 쉬지 않고 운항했다는 것은 세운선 따라 물화의 수요가 유지되었기 때문입니다. 상류로 갈수록 수심은 더 얕아지니 큰 규모의 상선이 올라갈 수 있는 종점과도 같은 곳이 충주입니다.

남한강이 북한강보다 물살이 완만하고 넉넉하여 양평사람들은 '암물(雌水)' 불렀다지만, 상류로 거슬러 올라가는 뱃길은 엄청난 시간과 품이 들었습니다. 곳곳에 늪과 여울이 반복하여 나타나기에 노련한 뱃사공에게도 고된 물길이었습니다. 수심이 낮은 곳은 삿대로 짚어가며 밀고 갔을 테니 그리 빠르지 않았을 것입니다. 1894년 비숍(Isabella Bird

Bishop) 여사의 남한강 여행기에도 "삿대로 밀거나 끌고 가야 했다. 특히 강가나 바위 사이 그리고 여울을 지나 강안 쪽으로 가야 했기 때문에 속도가 매우 느렸다. 하루 11Km 정도의 속도로 밖에 가지 못했다"고 할 정도였으니까요. 여울을 통과하기 위해서 큰 상선들은 선단을 구성하여 함께 힘을 모아 물길을 내야 했습니다. 때로는 끈잡이까지 동원하여 여울을 빠져나가기도 했습니다. 큰 여울을 지나자면 한나절 이상 걸리거나 여러 척일 경우 며칠 걸릴지 몰라서 강마을 포구에 머무를 수밖에 없었지요. 강마을에 따라 골세를 받는 곳도 있었고 배를 끌어주는 끈잡이도 있었습니다. 배를 끌어 올릴 땐 건장한 마을 사람들이 모두 나와 힘을 합했습니다. 비숍 여사 여행 당시 열흘 동안 하구에 80여 대의 나룻배가 오르내렸다고 하는데, 남한강에 여러 척의 돛단배가 다니고 있는 것을 상상해 보는 것만으로도 가슴 벅찹니다.

남한강이 뿌려놓은 비내섬, 여우섬, 뒷섬 물억새의 은빛 춤사위는 아직도 장관입니다. 태고의 바람소리를 어렵지 않게 들을 수 있습니다. 상류에서 내려온 물을 따라 모래와 자갈을 내려놓았습니다. 목계에 아직도 수석집이 많은 까닭입니다. 여러 가지 사연과 상처로 다듬어진 작은 돌들이 은밀한 숨소리를 내며 다가오는 듯합니다.

제천 출신의 조석윤(1606-1655)은 목계 강상(江商)의 애환을 생생하게 노래했습니다.

  고향에 가기 위해 반드시 지나야 하는 '가흥', '목계'를 서사적으로 그리고 있습니다. 30구의 긴 노래에 목계장터와 사람들의 삶을 온전히 그려내고 있습니다.

| | |
|---|---|
| 목계 강가 거의 모든 집이 | 木溪江上凡幾家 |
| 집집마다 장사 일로 생계를 꾸리고 | 家家買販爲生涯 |
| 호미 쟁기 버려두고 뱃일에 종사하여 | 不事鋤犁事舟楫 |
| 해마다 이익 좇아 물결 따라 다니지 | 年年逐利隨風波 |
| 이웃 사람들이 함께 떠나니 | 東隣西舍同時發 |
| 모두 오늘이 가장 길일이라고 하여 | 共言今日日最吉 |
| 뱃머리서 술 걸러 강신께 제사하며 | 船頭釃酒賽江神 |
| 건강과 재물을 기원하지 | 所願身安財滿室 |
| 비 오면 지붕 덮은 선실에서 피하고 | 有雨可以庇蓬屋 |
| 바람 불면 돛을 펼친다 | 有風可以張帆幅 |
| 다만 강 얕고 여울 사나워 | 只愁江淺灘甚惡 |
| 자갈이 울퉁불퉁 장애 많을까 걱정하지 | 沙石磊磊多礙觸 |
| 강바닥에 닿아 나아가지 않으면 | 有時膠底不肯進 |
| 한소리로 힘을 합쳐 밀고 당겨 | 齊聲合力極推挽 |
| 천천히 가서 안전한 게 낫지 | 徐行安穩尙云可 |
| 질주하다 뒤집힐까 크게 걱정하네 | 疾走顚危最可悶 |
| 험한 데를 지나 봐야 평지 좋은 줄 알지 | 歷險方知平地樂 |

| | |
|---|---|
| 소동이 진정되니 우스갯말 돌아오네 | 驚憂定來還笑譁 |
| 땔나무 주워 배에서 밥을 짓고 | 下船取樵上船炊 |
| 해 저물면 닻줄 묶고 물결 위에서 잠잔다 | 日暮繫纜波上宿 |
| 서쪽에서 오는 배엔 옛 벗이 많아 | 西來舟中多舊侶 |
| 이따금 배 세우고 이야기 나누네 | 往往停橈相與語 |
| "요즈음 충주에는 소금 값이 올랐네." | 峽中鹽直比來高 |
| "서울 쌀값은 얼마나 하나?." | 京口米價今幾許 |
| 지난해 홍수로 범람하여 두렵더니 | 前年大水怕泛濫 |
| 올해엔 가뭄으로 배 띄우기 곤란하네 | 今年大旱困灘渚 |
| 애달프다! 음양조화는 어찌 이리 어그러지는지 | 咄哉陰陽何錯迕 |
| 장사해도 이익은 적고 고생만 많아라. | 作賈利輕多辛苦 |
| 장사꾼이여 장사꾼이여 탄식을 마오. | 賈客賈客休歎息 |
| 군자께선 천하가 도탄에 빠질까 근심하신다오. | 君子方憂天下溺 |

근대의 옷을 입기 전 목계항을 흑백영상처럼 볼 수 있는 다정한 시가입니다. 목계는 상업적 물동량을 받아서 소금, 새우젓을 비롯해 온갖 물산을 교류하는 남한강 수운의 전성기를 지켜왔습니다. 김윤식(金允植, 1835-1922)의 「목계진을 건너다」에 나오는 '젊은 아낙들 서둘러 곡식 항아리 가지고 와/ 강 따라 내려온 뱃전에서 소금과 바꾸네'라는 대목은 목계의 환한 모습을 보여줍니다. 배가 들어올 때마다 열리는 장시(場市)에서 곡물, 담배 등이 교환되는 목계

에는 여각(旅閣)은 물론 객주(客主)와 상설점포도 있었다고 합니다. 당연히 매매한 물화를 저장한 물류창고와 숙박업에 주점까지 있었지요.

가흥창과 가흥역은 유사시 전략적 거점이어서 인근의 장미산성과 긴밀히 연결됩니다.

남한강 물길을 따라 포탄진, 목계진, 달천진, 북강진, 황강진 등이 있었던 것도 그 때문입니다. 「조선지지」의 주요 나루 개치나루, 좀개나루, 섬개나루, 인넘나루, 하청나루, 인다나루, 복탄나루, 목계나루, 덕은이나루, 문산나루, 하소나루, 안반내나루, 반송나루, 문산나루,

유운홍, 「세곡운반선」. ⓒ국립중앙박물관

하소나루, 창동나루, 나루에는 주막 또한 빼놓을 수 없습니다. 씨름터거리주막, 뒤거리주막, 가흥주막, 탑들주막, 안반내주막, 달래주막. 몇 번이라도 다시 불러보고 싶은 이름들이지요. 강을 건너거나 건너온 사람들이 여독을 풀며 탁주 한 잔으로 배고픔을 달래던 곳이지요.

> 얼어붙은 남한강 한가운데에
> 나룻배 한 척 떠 있습니다
> 첫얼음이 얼기 전에 어디론가
> 멀리 가고파서
> 제딴에는 먼바다를 생각하다가
> 그만 얼어붙어버리고 말았습니다
> 나룻배를 사모하는 남한강 갈대들이
> 하룻밤 사이에 겨울을 불러들여
> 아무데도 못 가게 붙들어둔 줄을
> 나룻배는 저 혼자만 모르고 있습니다
>
> — 정호승, 「남한강」 전문

물은 가장 거룩한 원형입니다. 이미 지나간 물은 다시 돌아오지 않습니다. 남한강 물길도 마찬가지입니다. 시인은 상상력으로 갈대들이 나룻배를 사모하여 겨울을 남한강에 불러들여 아무 데도 가지 못하게 합니다. 나룻배는 아무것도 알지 못하고 오직 갈대만이 알고 있을 뿐입니다.

넉넉한 객주, 「기산풍속도첩」. ⓒ서울역사박물관

# 도당산은, 문산관을 기다리지
-청주 문의면 문산관

문의(文義)는 자궁과도 같은 곳입니다. 어머니의 고향이 문의면 두모리이기 때문이지요. 외가를 가기 위해 반드시 거쳐야 하는 길이었습니다. 엄마의 손을 잡고 쇠똥구리의 공굴리기에 눈이 커졌던 유년의 기억이 생생합니다.

두모리는 홈고개 넘어 도원 삼거리를 지나면 둥구나무가 일주문처럼 서 있는 마을입니다.
무심천을 따라 문의 가는 길은 푸짐한 기억이 풀리는 곳이지요. 선비들은 쌍수역을 지나 덕유역으로 발길을 돌렸겠지만, 오늘은 그저 무심히 물길을 거슬러 올라가는 중입니다.
버스가 많지 않던 때 화당(花塘)이 종점이던 시절이 있었지요. 청주읍성을 나와 쌍수역에서 피반령 넘어 회인, 보은으로 갔지만, 대개는 문의 덕유역을 지나 옥천(沃川), 회덕

(懷德)으로 가는 추풍령로를 택했습니다. 이제 문의는 산과 하늘을 담은 호반의 마을이 되어 길 위 지문은 사라지고 지난 것들의 묵은 이야기만 풀어내고 있습니다. 문의중학교 아래 고단하게 얼굴을 내민 키 작은 산이 어쩌면 문의를 껴안고 있는지도 모릅니다.

옛 지리지에는 도당산(都堂山), 질당봉(秩堂峰)으로 나옵니다. 당산은 고을을 보호하고 지키는 산으로 수려하거나 높은 산은 아닙니다. 그래서 마을 사람들은 그냥 뒷산이라고 불렀습니다. 문의와 함께하는 산으로 수몰 후에도 고을을 지키고 있습니다. 신성한 장소를 공원으로 자리 내주다가 뒤편으로 넓은 길을 내며 제 살을 깎은 문의 '뒷산'은 이제 앞산이 되었습니다. 다그치지 않아도 당산의 역할을 충분히 한 셈입니다.

수몰 전 당산은 고을의 중심이었습니다. 전형적인 배산임수에 자리하여 남천은 덕유역에서 품곡천(品谷川)을 만나고 마구천(馬九川) 물길은 금강을 만납니다. 문의현 관아가 있던 자리였습니다. 읍치의 행정이 이루어지는 장소로서 현의 품격에 맞는 청사들이 있었습니다. 관청 중심으로 도시가 배치되듯이 홍살문에서 외삼문, 내삼문을 지나면 관아 고을 수령이 업무보던 읍치가 나옵니다. 문의 지형에 맞게 경관을 채워나갔던 거지요.

수몰전 문의면 전경. 도당산이 중심에 있다.

관아의 배치는 유교적 건축 질서에 있음을 알 수 있습니다. 왕을 상징하는 객사(客舍), 관아였던 동헌(東軒), 향청(鄕廳)과 부속 건물을 들 수 있습니다. 어떤 이는 동헌과 객사 중 어디가 중요하냐고 묻기도 합니다. 객사가 상징의 장소라면 통치행정이 이루어지는 중심은 관아이기 때문에 소모적 논쟁입니다. 그렇지만 대개의 읍치에서 가장 위계에서 벗어나지 않았던 장소는 객사였습니다.

문산관(文山館)은 문의 랜드마크입니다. 원형이 잘 보존된 객사로서 깊은 위엄이 있습니다. 두 번이나 이전하는 아픔이 있었지만, 수몰 이전으로 돌아갈 수 없기에 지금의 자리 또한 새로운 경관을 보여줍니다. 문의 지킴이 문산관은 자리를 옮기며 더 높은 곳으로 올라와 월굴봉(月窟峰)을 맞이할 수 있게 되었지요.

객사라 불리는 문산관은 하나의 건물 같지만 세 개의 지붕 아래 각각의 장소를 만들었습니다. 문의 객사는 한 채의 집이 날개를 넓게 편 새처럼 보이기도 하고, 봉우리를 거느린 산과 같습니다. 객사의 가운데 자리는 여러 이름으로 불렸지요. 흔히 대청이라 불렸지만 벽대청(甓大廳), 정청(政廳), 전패(殿牌) 봉안 대청, 정전으로도 일컬었습니다. 대청은 전패와 궐패(闕牌)를 모셨던 자리로 고을 수장이 관아를 비우거나 돌아왔을 때, 새로운 임지에 부임했을 때, 문안례를 올리던 곳이지요.

읍에 객사가 있는 것은 마치 집에 대청이 있는 것과 같아서 없어서는 안되는 것이다. 읍이 없고 객사가 없다면 예(禮)로서 망궐례를 올리지 못하고 사신을 받을 수 없는 것이다. 이것이 어찌 휴식하는 곳으로 밝고 높게 갖추는 것에 지나지 않겠는가

- 이경석(李景奭), 「회인객사 중수기」(1652)

관아에서 객사는 절대적 공간으로 담장을 쌓고 가장 좋은 장소에 자리했습니다. 지방 관아에서 최상급의 장소이기 때문에 각종 지리지와 고을 지도에서 회화식 아이콘만 보더라고 그 지위를 가늠할 수 있습니다.

| | |
|---|---|
| 동헌 서편 지척에 있는 객사 | 東軒咫尺正西楹 |
| 객관의 나무 천 길이요 색이 밝은데 | 館樹千章日色明 |
| 용상과 전패 상서로운 기운돌고 | 龍床殿牌祥雲擁 |
| 달마다 목사는 엄숙하게 하례하네 | 每月州候肅賀成 |

- 박노중(朴魯重), 「객관」(『창암집』)

 객사의 위용과 장소가 주는 묵직한 움직임을 알게 해주는 시입니다. 객사(客舍)의 '사'는 숙소를 뜻합니다. 휴식을 취하는 곳이지요. 사당(祠堂)의 '사'가 아닌 거지요. 사당은 신성하고 엄숙할 뿐만 아니라 성스러운 공간입니다. 객사의 정청에는 전하를 뜻하는 전패와 궁궐을 상징하는 궐패를 모셔 왕을 직접 배알하지 못하는 지역 관료가 초하루 보름에 신하의 예를 표하는 장소입니다. 향교의 대성전 석전(大成殿 釋奠) 이상으로 중요의식을 치르던 곳이지요.

 한편 객사는 다른 기능은 이름 그대로 왕의 명을 받아 파견된 관리들의 유숙을 위한 장소입니다. 객사뿐 아니라 역원(驛院)에게도 숙박 편의를 제공하는 곳인데 이 둘의 차이가 지위 관계에 따른 것인지는 알 수 없습니다. 모든 역원이 읍치에 자리하지 않았기 때문에 거점 역원 외에는 시설이 불편하지 않았을까요. 선비의 유산일기를 보더라도 공무가 아니면 객사를 이용하지 않았음을 알 수 있습니다. 현감이 동행했을 때는 예외이긴 했지만요.

여러 관아건물에서 객사가 남았던 이유는 지리적 장소와 덩치가 큰 건물과도 무관하지 않습니다. 또한 수난을 겪었더라도 복구 또한 빠르게 진행된 것이 문산관입니다. 기록과 상량문에 따르면 세 차례 중수가 있었습니다. 온 고을 읍치마다 있던 관사가 온전하게, 자리를 지키고 있는 경우는 흔치 않습니다. 객사마다 고유한 당호를 갖고 있어 진천현 상산관(鎭川縣 常山館), 청안현 청당관(淸安縣 淸塘館), 황간현 황계관(黃澗縣 黃溪館) 처럼 문산 또한 문의의 옛 지명입니다.

문의 동헌은 면사무소로 객관은 학교로 전용되었습니다. 현실적으로 넓고 큰 건물을 짓기 어려우니 객사의 넓은 마루가 학교로 쓰였던 셈이지요. 흑백 사진을 보면 기둥을 나무벽으로 하고 양식 미닫이 유리창을 달았습니다. 옆면은 여백의 미와 단순미를 보여주듯 회벽으로 하고 입면을 마감한 듯 보입니다. 평면이나 외관이 변형되지 않아서 다행입니다. 다른 지역 객사는 일찍이 신축 교사를 지으면서 해체 과정을 거쳤습니다.

대청댐 건설로 수몰이 되어 문산관은 문의문화재단지 꼭대기에 자리했습니다. 대청호는 안개의 관점에서 객사를 바라보고 양성산(陽城山)은 바람의 입장에서 바라보며 서사를 읽어야 합니다.

문산관에 앉아 풍광을 느끼고 일어서서 큰 대청마루가 내어주는 목살의 바람결을 느끼려면 대자로 누워야 합니다. 큰 귀와 밝은 눈을 지니지 않아도 세간 소식 들려주며 넉넉한 무등을 태워줄 것만 같은 마루입니다. 아낌없이 풍광을 스스로 받아들이는 곳, 문산관이 말하는 것을 잘 들어야 합니다.

수몰되기 전까지 문산관은 문의초등학교로 사용되었으니 넓은 운동장은 관아가 있던 곳이었습니다. 지리지에 등장하는 동헌은 문의면사무소로 사용되어 객사와 나란히 있었는데, 아쉽게도 6·25전쟁 당시 소실되었습니다.

일제강점기는 물론 한국전쟁에도 끄떡없이 마을을 지킨 문산관입니다. 객사의 존폐를 지킨 건 오롯이 문의 사람들 덕입니다.

문의초등학교로 사용된 문산관 뒤로 도당산이 보인다.

문산관 정청의 전패를 어디에 모셨을지 궁금합니다. 문의 향교 유생들이 양성산 깊숙한 곳에 묻지 않았을까요. 때로는 전패를 간수하지 못해 마을이 강등되는 예도 있었습니다. 문의 고을은 금강 본류인 공주, 부여와 비교적 가까운 금강수계에 있는 읍치입니다. 금강지류인 물길은 신탄진, 부강진을 지나 청주 고을에서 내려온 무심천과 미호천을 만나 본격적인 물빛을 내어 배를 볼 수 있는 곳이었습니다. 문의 고을에서는 후곡리 부근에서 지명리 근처를 형강(荊江)이라 불렀습니다.

문의는 내륙에 있지만, 물과 뭍이 만나 소금뱃길이 연결되었습니다. 청주의 외항이라 할 수 있는 부강포 구들기나루는 금강의 기항 종점이었습니다. 유속이 느리고 넓은 모래사장이 있는 천혜의 나루였던 거지요. 물길이 좋으면 작은 배로 신탄진 철교를 지나 보내나루까지 올라갔다고 합니다. 지금의 물길을 생각한다면 어떻게 배가 다닐 수 있었을까 하겠지만 뱃길 상황이 남한강 수계보다 좋았습니다.

문의현의 물길 나루를 보더라도 물과 친연한 고을임을 알 수 있습니다. 가여울나루, 화계나루, 아득나루, 독골나루, 느름고지나루, 지명나루, 산뒤나루, 각퀴나루, 용방나루까지 셀 수 없을 정도니까요. 문헌에 자주 등장하는 형각진, 이원나루는 지명나루입니다.

여름이 되면 청주사람들에게 문의 오가리는 소풍 야유회 장소였습니다. 하석리에서 성마루까지 보를 막아서 조개가 많았고 천렵은 물론 뱃놀이도 하던 곳이었지요. 버스가 자주 없었지만 투망질에 강수욕을 즐기던 곳. 바다 없는 내륙의 주민들이 수영 실력을 뽐내던 곳이었습니다. 뱃놀이 배는 미호 도선장에서 탔을까요. 각퀴나루에서 탔을까요. 대청댐이 문의에 세워진 것도 물길과 무관하지 않습니다.

>아이들 자라 고향을 묻거든
>이곳에 와 소리쳐 부르게 하라
>가난했으나
>지상에서 가장 따뜻하고 아름답던 곳
>솔개를, 서당평을, 사자울을 부르게 하라
>산수골을, 어성을, 양중지를, 살목을, 바탕뫼를
>영당을, 새별을, 사당마루를, 정문거리를 소리쳐 부르게 하라

>　　　　　- 김사인, 「아이들이 자라 고향을 묻거든」 부분

보은 회남면 산곡리 출신인 김사인 시인에게 수몰에 대한 분노와 상실감은 보이지 않습니다. 그가 기억하고 호명하는 것들이 돌아오지 않음을 잘 알고 있는 거지요. '물 속으로 꺼꾸러진 마을' 이름을 부르면 부를수록 '별이 총총하던 여름

밤'이 지나가고 집집마다 '아늑한 저녁 연기'가 구습고 '겨울 강 쩡쩡 얼음' 터지는 소리가 생생하게 들립니다.

문의마을이 가을처럼 보고 싶은 날, 무작정 청주 버스 311번 버스를 타보세요. 금강이 사행(蛇行)으로 흘러 맑고 고운 절경을 뽐내던 곳, 금빛 모래사장이 그립고 안개가 흐릿해지면 선명하게 쏟아지는 이름을 담을 수 있는 문의.

아직도 곰실, 살들여울, 압실고개, 은결, 함박들, 사구막들, 숫들, 생미들까지, 호수 위 푸른 하늘처럼 하루에도 몇 번씩 쏟아졌다가 떠나갑니다. 등 뒤 날개를 편 문산관이 충혈된 눈으로 바라보는 사내에게 어제의 불빛 석양을 가리켜도 아무 말 하지 않습니다.

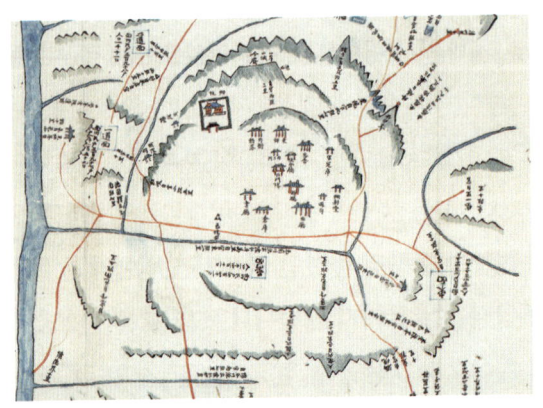

문의 관아와 물길을 알 수 있는 문의현도.(1872) ⓒ서울대 규장각

## 묻지 않아도 은행나무는 안다
- 영동 영국사 원각국사탑비

하늘이 닿아 신선이 다닌다는 영국사(寧國寺) 들목 '천태동천(天台洞天)'의 길을 뒤로하고, 네비게이션의 욕망 섞인 초행길에 들어선 건 바깥세상의 호기심 때문입니다.

누교저수지를 지나 도가실 마을로 들어선 것도 당연함으로 들어서기 위함이지요. 사방이 산으로 둘러싸여 독안처럼 생겨 도가실일까요. '명덕리와 도가실 사이 골짜기/ 호수에는 원앙이 대가를 이루고 있다/ 언제 어디서 흘러들었는지/ 헤집고 노니는 물길이 집이다/ 빈 몸으로도/ 산 안아다가 담을 두르고/ 하늘 내려 지붕을 삼으니/ 물빛이 원앙 같고/ 원앙이 물빛 같다/'(양문규, 「호수가에서」)지만 산을 품고 하늘을 담고 있는 호수를 바라보니, 원앙은 금빛 양강으로 동무를 만나러 간 모양입니다. 물길 따라 바람에 온몸을 맡기니 어디에 있건 내 집 아닌 곳이 없습니다.

포장길이 멈추어 승용차가 겨우 다닐 수 있는 몇 번의 오르막 능선을 지나며, 길을 잘못 들어선 것이 아닐까 하는 마음을 내려놓을 무렵 천태산자락이 보입니다. 천태산 옛길에서 많은 사람이 묵묵히 순례자처럼 암릉을 타는 이유를 알 듯합니다. 은행나무가 멀리 보이면, 영국사 절간에 들어온 셈입

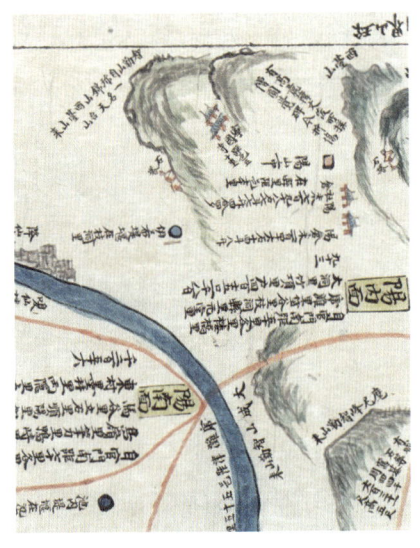

옥천 지방지도.(1872) 영국사 위로 지륵산이 보인다. ⓒ서울대 규장각

니다. 천태산 골짜기는 도량 아닌 곳이 없습니다. 충북의 설악이라 불린 만큼 여기저기 가부좌를 하고있는 암릉(巖陵)이 병풍처럼 펼쳐있습니다. 천태산의 옛 이름은 지륵산(智勒山)입니다. 금산군과 영동군의 경계에 있는 산으로 영국사는 동쪽 기슭에 안겨있습니다.

영국사는 흔히 보물이 많은 사찰 중 하나이기도 합니다. 무려 다섯 점이나 있지요. 천태산문의 어느 하나라도 소중하지 않은 것이 없지만요. 산으로 둘러싸인 영국사는 마치 요새와 같습니다. 넓지 않은 분지에 누워있는 모습입니다.

옛 항공사진을 보면 다랑이 논밭 아래에 절마당이 있는데, 경전처럼 서로 다른 줄무늬를 그리며 자리해 있습니다. 절터 위에서 내려오는 물줄기 때문에 수량 또한 충분했습니다.

영국사는 나라의 안녕과 평안을 비는 곳으로 알려졌지만, 흔히 알려진 고려 공민왕의 전설은 기록에 없습니다. 공민왕이 몽진(蒙塵)한 다른 지역의 전설도 예외일 수 없습니다. 그래도 영국사에 공민왕이 기도를 하고 다녀갔음을 믿고 싶은 사람들이 많습니다.

영국사 법등 역사가 오래되었음을 알게 해주는 유물은 덕소 원각국사비(德素圓覺國師碑)입니다. 대웅전 오른편 외진 언덕에 있어 삼배만 하고 돌아가거나 암릉을 타러 직행한다면 오래된 빗돌의 주인을 만날 수 없습니다. 비신이 깨어져 아쉽기는 하지만 남은 문자를 풀어보면 덕소(1107-1174) 스님의 삶을 읽을 수 있습니다. 집착하는 것이 아닌 오랫동안 기억하기 위함이 헛되지 않았음을 알 수 있지요. 왕사(王師)나 국사(國師)를 역임한 승려가 입적하면 도반들이 제출한 행장을 가지고 국왕의 명을 받은 관료와 비문을 작성하여 비를 세우는 작업이었습니다. 국왕이 시호를 내렸고 당대의 최고 문장가가 비문을 쓰면 그 글을 명필이 쓰게 마련이지요. 고승의 행적을 추모할 뿐만 아니라 산문의 위상을 드러내는 것이었습니다.

기비대덕(記碑大德)을 통해 계보 문도(門徒)와 사승관계(

師承關係)를 통해 출가자 원각국사의 삶을 들여다볼 수 있습니다. 덕소 큰스님의 문집이나 불서해제 등이 남아있지 않은 상황에서 빗돌은 유일한 아카이브입니다. 덕소는 고려시대 왕사였으나 그에 대한 역사적 기록은 고려사에서 단 한 문장입니다. '명종 1년 9월 승 덕소를 왕사로 삼았다'. 고려 왕사로 책봉되었다는 것이지요. 탑비는 원각국사가 입적한 지 6년 후인 명종 10년(1180)에 세워졌습니다.

  흔히 오래된 비석은 몸돌이 파손되거나 받침대인 거북받침만 남은 경우가 많습니다. 영국사 빗돌이 완전체인 것은 얼마나 다행인지요. 원각국사비 지붕돌은 세월의 상흔이 깊어 바닥으로 내려와 나란히 앉아있습니다. 거북이 지고 있는 깨진 빗돌은 섬세하게 글자를 새기기 위해 무른 암석인 점판암을 사용했습니다. 납작한 판모양의 암석으로 검푸른 빛이 띄어 청석암이라고도 하지요.

  비문은 깊은 뜻을 간직하고 있으나, 무상의 손길을 벼텨내지 못한 채, 부서진 모서리로 묵언수행을 하고 있습니다. 점판암 결이 일어나며 글자가 훼손되었습니다. 세월의 무게를 이기지 못해 쓰러져 있는 비신을 땅 위에서 다시 일으켜 세운 지는 그리 오래되지 않습니다. 형태의 절정이라고 볼 수 있지만, 덕소의 탑비는 대부분 조형에 대한 아쉬운 부분을 말합니다.

탑비는 받침대인 거북이와 용모양 머릿돌 조형 양식을 보며 비문 판독과 함께 비문의 서체를 살핍니다. 영국사 원각국사 탑비는 고려의 전형적인 석비 양식으로 고려 초기 탑비에 비하면 장엄한 조형미를 기대하기는 어렵습니다. 무신정권 탓인지. 나라의 최고의 승려를 모신 위엄이 흐려집니다. 어떤 사연으로 탑비는 천태산에 왔을까요. 영국사는 왕사였던 덕소의 하산소(下山所)였습니다. 왕사 책봉과 동시에 개경에서 내려올 때 머무는 사찰을 지정한 것이지요. 하산소가 지정이 되면 사원에 사찰 중창은 물론 토지, 노비까지 격에 맞는 불사가 이루어집니다. 국왕이 덕소의 제자 승지선사에게 명하여 양산 지륵산 영국사에 모시게 한 것입니다. 비문에 지륵산 즉 천태산은 '산고수청(山高水淸)하여 참으로 수도하기 좋은 곳'이라 하여 일찍이 원각국사가 하산소로 정한 것으로 보입니다.

탑비의 돌거북은 씩씩하고 뚝심 있는 모습으로 무거운 돌을 이고도 쉼 없이 자기 길을 떠날 것 같은 표정을 짓고 있습니다. 거북은 우주를, 등의 둥근 모양은 하늘의 천정을 상징하지요. 용머리 형상이 부릅뜬 눈이나 큼직한 이빨이 지워진 듯 오히려 오래 쳐다봐야 등속에 숨은 머리가 보입니다.

무섭지 않고 친근한 모습에서 덕소 큰스님 얼굴을 떠올려 봅니다. 탑비 양식이 단순해지는 것이 자연스러운 추세였다면, 석공이 가장 고민해야 했을 문제는 용머리 장식이었을 것입니다. 간결함이 강한 힘을 발휘합니다. 표현을 단순화하여 서로 다름을 상상할 수 있게 하는 것입니다. 용의 조형 작업을 급변하는 상황에 맞게 석공이 현실을 토대로 표현한 것이 아닐까요. 화려함이나 섬세함과는 거리가 멀고 일체의 장식과 표현을 덜어낸 듯합니다. 과장이나 축소를 통해 강한 이미지를 심어 석공의 혼을 새기는 숨결이 소나무 바람 소리에 금방이라도 들릴듯합니다. 기교는 없으나 소박한 멋이 탑비 주인공의 성정과 다르지 않아 보입니다.

덕소 원각국사비에 비문에 나온 '손수 금박으로 사경(寫經)하였다(1150년)'는 고려사경에 대한 이야기입니다. 사경

영국사 원각국사비. ⓒ국립문화재연구원

이란 부처님의 말씀을 옮기는 것입니다. 단순한 서필 행위가 아니라 부처의 말씀을 자신에 담는 수행과정의 하나입니다. 공덕 이상의 정성을 들인 품위 있는 장엄한 의식이며 가르침을 깊이 가슴에 새기는 수행입니다.

사경공덕은 고려시대 크게 성행하였지요. '내 지금 미래세가 다하도록 일념으로 서원하니/ 필사한 이 경전 파손되지 않기를/ 설사 삼재(三災)대천 세계가 부서진다하더라도/ 이 사경은 허공처럼 피괴되지 말지어다'(「신라백지문서 대방광불화엄경 연기법사 발원문」)의 발원 아니었을까요. 일념으로 금빛 화장의 세계를 쪽빛 염색한 감지(紺紙)에 복을 구하는 행위를 한 것이지요.

영국사와 인연이 있는 스님으로 예종의 아들이었던 지인(之印) 묘응대선사(妙應大禪師, 1102-1158) 묘지명을 보면 '지륵사'로 간절히 돌아가기를 원하였고, 법주사와 지륵사를 서로 오가며 지냈다는 것을 알 수 있습니다. 영국사에 다섯 번 주석하신 지인 선사의 행적을 보면, 당시 천태산에서 덕소 스님과 법거량(法擧量)을 나눈 기록은 없지만, 개경의 사찰에서 팔관회(八關會)나 백좌법회(百座法會) 때 염화미소를 나누었을지도 모릅니다. 두 큰 스님의 영국사와 인연이 시작되는 순간이었습니다.

영국사에는 회전식 불경서가인 전륜장(轉輪藏)이 갖추어진 대장전(大藏殿)이 있었습니다. 경전을 봉안한 서가를 회전하는 구조로 한 번 돌리면 전륜장의 경전을 모두 한번 읽은 셈이지요. 티벳 기도바퀴 마니차처럼 쉬지 않고 불법의 바퀴를 돌림으로써 법맥이 끊임없이 굴러가기를 바랐던 것입니다. 용문사 윤장대를 보면 짐작할 수 있지요. 옛 영국사지에 대장전을 확인해 주는 회전축과 남은 구멍과 녹물의 흔적이 마치 법륜이 긴 안거(安居)에 들어간 것처럼 보입니다. 영국사 은행나무는 외침과 전란으로 화를 피하지 못하고 주저앉은 대장전을 생생히 기억하고 있습니다.

대각국사 의천 입적 후 천태종(天台宗)은 급격히 위축되어 쇠락하였습니다. 의천(義天)-교웅(敎雄)-덕소(德素)로 이어지는 천태종 법맥은 덕소에 와서 다시 천태종풍을 다시 세우며 눈 푸른 납자에게 표상이 되었습니다. 덕소도 왕사가 되기 전 교웅과 같은 길을 걸었습니다. 정법을 받아 제자에게 전하는 것은 깨달음의 전승일뿐만 아니라, 천태종의 주 사찰이었던 국청사(國淸寺)를 떠나 다시 돌아오는 길도 구법의 길과 다르지 않았습니다. 그 또한 스승을 찾아 도를 묻는 길을 떠나 울주 영취산에서 법을 구하는 사람에게 설법했습니다. 끊임없는 청법가에 감로법과 사자후를 펼쳤으니, 얼마나 많은 옛 인연과 새 인연이 이어졌을까요.

비문의 찬자는 아무리 문장을 잘 쓰더라도 정치권력과 승려집단을 의식하며 쓸 수밖에 없었습니다. 문도와 제자들이 올린 행장과 입멸 당시의 상황을 바탕으로, 왕명을 받아 비문을 지은 한문준(韓文俊, 1118년~1190년)의 고심이 느껴집니다. 어느 특정 종파나 무신 권력의 눈치를 봐야 했을 테니까요. '대법륜을 전하여 한량없는 중생을 제도'한 원각국사입니다. 빗돌에 행장에는 그리 정리되었지만, 스님은 본래면목(本來面目)을 알기에 중생을 제도했다지만, 제도한 이는 없습니다. 중생이 성불함을 잘 알고 있기 때문입니다.

탑비 신이담(神異譚)은 비문에 필수였지요. 덕소가 '배를 타고 바다를 건너는 중 큰 파도를 만났을 때 화엄경 보문품을 독송하니 저절로 바람이 잠잠해져 무사했다'거나 '날씨가 가문 어느 해 법회를 시작하자마자 비가 내렸다'는 대목은 역대 국사비문에 등장하는 신비한 이야기와 다를 바가 없습니다. 하늘마저 감동시켰음을 알 수 있습니다. 그러나 덕소가 왕사가 되는 장면은 고려 무신정권 하의 국왕이 크게 위축되었음을 알 수 있습니다. '왕의 뜻대로 감히 스스로 결정할 수 없어 추첨으로 선발'하였다고 합니다. 무신 정권기 왕사의 임명마저 쉽지 않았음을 알 수 있습니다.

덕소는 평소 병이 없고 '옷을 검소하게 입으며 설법과 독경밖에 관심'이 없었다고 합니다. 평상시와 다를 바 없는 어느 날 서쪽을 향해 '좌탈입망(坐脫立亡)'으로 입적했습니다. 집착과 미혹을 끊어 모든 구속에서 해탈하는 본래의 고향으로 돌아간 것이지요. 덕소는 스스로 단정하게 죽음마저 다루고 대자유를 얻었습니다.

영국사에서 하산하였거나 왕사나 국사를 역임한 여러 고승 가운데 영국사 승탑은 원각국사 덕소일 것으로 추정됩니다. 승탑의 모양이나 시기를 살펴보면 탑비 건립 직전인 것으로 보입니다. 비문이 결락되어 승탑을 세웠다는 내용은 알 수 없습니다. 수행자가 치열하게 구도하고 떠나간 뒤 남은 숙연한 자취가 승탑과 비탑이 한 쌍으로 천태산 낭골자락에 팔각형 승탑으로 있습니다. 산지 사찰 특성상 조금 거리가 떨어진 장소에 자리합니다.

양산팔경의 1경 국사묘종(國寺慕鍾), '영국사 저문 안개속 퍼지는 그윽한 종소리가 좋다'는 말입니다. 영국사 범종은 천태산 골을 따라 양산은 물론 금산까지 세상을 깨우러 오래도록 멀리 달려갔습니다. 몽환적 안개에 실려 짙은 소리로 물길 따라 아무것도 묻지 않고 흘러 갔겠지요.

영국사에는 범종이 없다

산과 산 사이로 구름이 낮게 흘러가고
바람 속을 종소리 대신
소똥 묻은 새가 울고 간다

스님은 심장을 드러내고 계곡물 소리를 듣는다
서로 가는 것을 묻지 않고,
길이 끝나는 곳으로부터
소리들이 되돌아와 발 디디는 곳마다
종을 울린다

물은 흘러가는 것을 묻지 않고 계속 흐른다

마음 속의 觀音
종소리 아닌 종이 운다

절 밖
아름드리 은행나무,
큰 울음
나뭇등걸 속에 내장한 채
하늘을 떠받들고 서 있다

- 양문규, 「영국사에는 범종이 없다」 전문

 길이 멈추는 곳에서 소리가 돌아와 발 딛는 층층이 종을 울립니다. 아니 그 소리를 듣는 것이 아니라 보게 됩니다. 중생의 소리를 관(觀)한다니, 듣는 게 아니라 보는 거지요. 어려울 때 찾는 관세음보살의 관음입니다. 중생의 괴로움을 귀로 듣지 않고 눈으로 관할 수 있는 곳, 하늘을 떠받치고 서 있는 은행나무의 큰 울음을 볼 수 있기에 범종이 있거나 없거나 묻지 않습니다. 하늘의 소리, 땅의 소리가 허공에 울림으로 업장 소멸을 하고 있습니다. '소똥 묻은 새가 종소리 대신 울고 가니' 말해 무엇할까요.

 덕소 스님 또한 큰 어른이시기에 본래의 자리인 영국사 골짜기로 사람들을 호명하는 것이 아닐까요. 더 침잠하라 하는 듯합니다. 천태산은 세심히 바라볼 수 있는 고요하고 깊

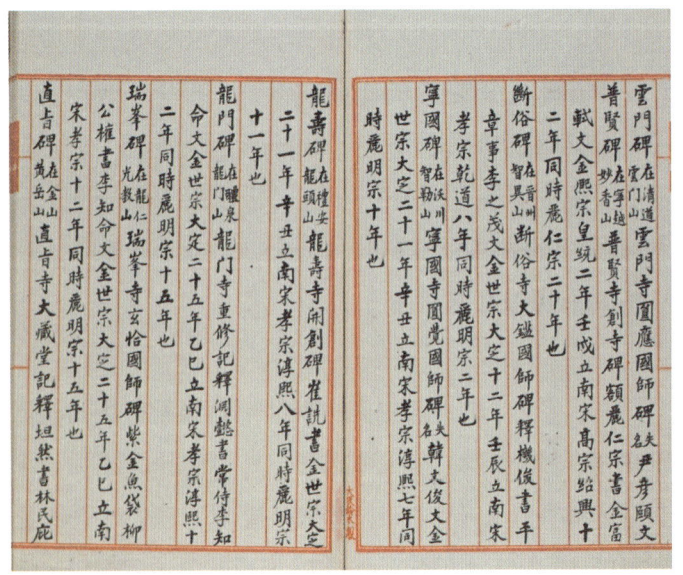

대동금석서. 한문준 찬이 나온다. ⓒ일본 동양문고 본

어지라 합니다. 더 높이 더 빨리 걷는 것은 내 안의 우주를 만날 수 없음을 아는 영국사 은행나무가 '순간'을 놓지 말라고 연둣빛 나무보다 더 느리게 기지개 펴고 있습니다. 순정해지려면, 천태산의 말씀에 귀 기울여야 합니다. 영국사 은행나무는 언제나 그 자리에 있습니다.

# 산으로 올라간 쌍둥이 석탑
-옥천 용암사 동서 삼층석탑

　남수문((南秀文, 1408-1443)이 '산은 높고 물은 맑으며 토지는 비옥하여 오곡이 풍족하다'라고 했듯 옥천은 산자수명한 곳입니다. 금강의 상류로 호진(虎津), 적등진(赤登津), 차탄(車灘), 화인진(化仁津)을 거쳐야 했으니까요.

　옥천은 예부터 교통의 요지였습니다. 삼남을 연결하는 지역이었고 청주와 추풍령 사이 최단 길입니다. 경상서로이자 추풍령로라 불렸지요. 기차, 고속전철, 고속도로 4번, 국도 37번이 지나가는 길목입니다.
　'넓은 벌 동쪽 끝으로/ 옛이야기 지줄대는 실개천이 휘돌아나가고/ 얼룩백이 황소가/ 해설피 금빛 게으른 울음을 우는 곳// 그곳이 차마 꿈엔들 잊힐리야'로 시작하는 정지용의 「향수」는 고향에 대한 추억의 공간입니다. '옥천'이란 지명이 고향상실의 시대에 고향을 다시 한번 생각하게 합니다.

옥천의 옛 지명은 '관성(管城)'이었습니다. '옥주(沃州)', '옥천'으로 불리기까지 옥천사람에게 '관성'은 지명 이상의 자부심입니다.

용암사(龍巖寺)는 마성산과 장령산 사이에 있습니다. 용암사 창건 문헌은 없습니다. 용바위가 있어서 용암사일까요. 전국의 용암사는 적지 않습니다. 불교에서 용은 불법 수호자일 뿐만 아니라, 극락세계로 가기 위한 반야용선은 물론 사찰 안팎에 상주하는 친숙한 상서로운 상상 동물입니다.

용암사의 여지도서(1739년) 이전 기록은 알 수 없습니다. 무슨 연유인지 모르겠으나 용암사가 등장하는 건 옥천군 고지도(1872년)에서입니다. 아마도 지역을 잘 아는 옥천사람이 그리지 않았을까요. 당당하게 영국사와 함께 전각이 표시되어 있습니다. 회화식 지도로 서대산 앞쪽에 석탑과 함께 있습니다. 용암사의 불법이 단절되지 않았다는 점과 탑이 건재하다는 정보를 알려주는 귀한 자료입니다.

근대에는 총독부 육지측량부 발행 1:50,000(1918년) 지도에 용암사 도량이 들어옵니다.
융희((隆熙 1909년) 3년 사찰고(寺刹考)에서야 당당히 용암사가 등장합니다. 주지는 취암(翠巖). 영동의 영국사로부터 매년 쌀 4석씩 보급을 받고 있고, 밭 세 마지기, 논 세 마지기가 있는 사찰로 경제가 좋지 않음을 알 수 있습니다. 당연히 사하촌(寺下村)은 기대할 수 없지요. 용암사는 현재의 규모와 비교할 수 없는 작은 절이었던 거지요.

그 후 1920년대로 추정되는 「조선총독부 옥천군 고적유물 조사서」 제91호에 용암사는 약 세 칸 반의 기와 암자에 승려 3인이 거주하여 도량석을 돌며 새벽을 깨우고 있음을 알 수 있습니다. 역사학자 오하라 도시타게는 슬픈 이야기를 풀어놓습니다. "절간 석불의 왼쪽 큰 바위가 잘렸는데, 원래 전 주지가 일본인에 매각하여 멋진 경치가 심하게 손상되었다" 하니 용바위는 이때 훼손되지 않았을까요. 유리건판 사진에서 보듯 서탑은 일부만 남아 지붕돌 2개가 절 마당에 놓여있고 몸돌은 절구통으로 사용하고 있던 모양입니다.

현존하는 가장 오래된 용암사 모습은 1970년대 흑백사진을 통해서입니다. 개량기와가 올려진 대웅전을 보면 중창 불사 회향식 때나, 개금불사 봉행하여 광명을 밝히는 점안식 같습니다. 대웅전 앞 축대가 넉넉하니 높이도 지금처럼 올려 짓지 않은 것을 보면 옛 전각의 크기를 짐작할 수 있지요. 법회에 참석한 보살님들이 절 마당에 가득한데, 아이들의 옷을 보면 가을쯤으로 추정됩니다. 어서 법회가 빨리

1972년 용암사 전경. ⓒ옥천군청

끝나 공양을 하고 싶은 마음이 컸겠지요. 멀리 금산이나 청산, 영동에서 일주문이 없는 산길 따라 어떤 염원으로 여기까지 오셨을까요.

  이 사진에서 주목해야 할 것은 옥천 지역을 무탈하게 지킨 터줏대감으로 바람과 별빛과 맞으며 서 있는 삼층석탑입니다. 법회 장소가 좁아 석탑까지 올라가 구경할 정도네요. 사찰 배치로 보더라도 탑과의 거리가 지금처럼 가깝게 보인 것은 절 앞마당이 넓지 않아서입니다. 산지가람(山地伽藍)의 특징이지요. 지금은 사라진 키 큰 나무 한 그루가 당간처럼 있습니다. 세 동의 건물이 있는데 한 동은 요사채고, 삼층석탑 근처의 건물은 근래 산장의 모습이어서 용도가 궁금합니다.

용암사는 일반 가람과 다르게 사찰 중앙축에 탑이 있지 않습니다. 급한 경사면 산지에 자리해서 일반적인 사찰배치 형식과 다릅니다. 그러나 절간의 중심인 대웅전 뒤로 마애불이 있습니다. 의신조사가 사찰을 창건했다는 설화가 있으나 법등의 격을 높이기 위해서 전해진 절간의 광폭설화로 보입니다. 대부분의 지리지 사찰조에 용암사가 등장하지 않는 것을 보면 큰 사찰이 아닌 것은 분명합니다.

현재의 대웅전 건물은 80년대에 중창하여 산성 같은 축대를 쌓으면서 절 마당을 넓힌 거지요. 거듭된 불사로 인해 쌍탑은 더욱 작아 보입니다. 용암사는 소나무, 대나무, 잣나무가 늘 푸르게 있는 마을이라 삼청리(三靑里)라 불리는 안말에 위치하는데 차를 운전해서 가도 가파른 길입니다. 공양미 머리에 이고 신심 다해 올라오신 보살님이 낸 길은 산문에 흩어져 있습니다. 지금처럼 자동차를 위한 길이 따로 있는 것이 아니어서 용암사로 오는 길은 이미 묵언수행의 걸음이었습니다. 한 걸음 뗄 때마다 호흡소리도 가쁘니 저절로 염불소리도 나오지 않았을까요.

겹겹이 싸도는 신령스런 장령산 자락
천년을 지켜온 산사엔 무심한 바람만이 드나들고
새소리 바람소리 고즈넉하여

처마 끝 풍경소리마저 한가롭다

대웅전 꽃살 문양은 고색을 더해가고
아미타여래좌상 정좌로 앉아
설법해도 두 개의 동서석탑
골똘한 상념에 잠겨 있다

뒷산 자락
둥실 떠 있던 마애불이 가사 폭을 펼치고
바람이 하늘을 건너
산신각 처마 끝만 바람질 하고 있다

- 배정옥,「용암사에서」부분

　장령산에서 천년을 지켜온 용암사는 신묘한 자리에 있습니다. 무심하고, 고즈넉하고 한가로운 곳이지요. 그 자리에 삼층석탑이 있습니다. 언제나 '바람에게 묻는다/ 지금 그곳에는 여전히/ 꽃이 피었던가/ 달이 떴던가'(나태주,「바람에게 묻는다」부분)를 화두처럼 넌지시 던질 수 있으니 풍경소리 또한 여여 할 수밖에요. 아미타불의 설법을 듣는 동서석탑이 상념에 잠겨 있다니, 서방정토를 가느냐, 장령산 자락을 지키는 무량수불(無量壽佛) 이상의 서원이 있기 때문

1922년 용암사 동서삼층석탑, 서탑은 기단만 보인다. ⓒ국립중앙박물관

이지요. 한량없는 부처님을 따라 법문을 천 년 이상 귀가 닳도록 들었으니 제 몸을 아무리 지대석에 기대고 있어도 흔들릴 수밖에요. 탑을 세운 석수장이의 염원도 만만치 않았나 봅니다.

대웅전 뒤 마애불이 둥실 떠있다는 건 그만큼 하늘과 가까이 있다는 뜻이지요. 어디서 온 바람일까요. 걸림 없이 바람질하는 사이 용암사 돌자락 법의가 하늘거리는 마애불이니, 석수장이는 돌을 깎은 것이 아니라 부처님이 나올 때까지 기다린 셈입니다.

용암사 석탑을 비보사탑(裨補寺塔)이라고 합니다. 여느 절간에 있는 탑파와 다르다는 거지요. 비보(裨補)는 전통적 공간사상으로 자연적 조건을 이상적 장소로 보완하고 개선하기 위해 비보물을 설치하는데, 일반적으로 사찰, 불상, 탑, 당간 등을 설치했지요. 산천의 취약한 부분을 보충하여 없애거나 아쉬운 부분의 정도를 누르기 위해 침이나 뜸을 놓듯이 한 것입니다. 탑이 산으로 올라간 이유이기도 하지요. 치유 또는 고침의 지리학이니 옥천의 산천이 건강한 것은 순전히 용암사 석탑 때문입니다.

절간 북쪽 낮은 봉우리에 위치해 사방 조망권을 확보하는 용암사 삼층 쌍둥이 석탑은 늘씬하게 잘 빠진 조형물은 아닙니다. 탑신이 위압감을 주거나 흔한 문양 한 편 없습니다. 그렇다고 볼품없어 보이지 않습니다. 다 하지 못한 말을 품고 있듯 당당하게 보입니다. 석탑 각 부분의 간략화된 이음과 맞춤수법 쌍탑의 유일한 예입니다. 1층 탑신이 가늘고 길어서 오래도록 본 사람만이 그 매력을 알 수 있지요. 아쉽게도 사찰명, 시주자, 건립연대, 소요경비가 있는 탑지석은 없지만, 옥천사람에 의해 건탑된 것으로 추축해 봅니다. 옥천 고을의 지킴이 이자, 천년을 함께해 온 브랜드와 같은 조형물입니다.

용암사 탑은 백제 석탑이 보여주는 단순한 이중기단 양식이 특징입니다. 대부분의 비보 석탑은 기단을 생략하지만 자연 기단 석탑이어서, 이층 기단을 갖추어 몸돌 3개 층 높이를 상승시켜 주지요. 풍광이 뛰어나고 시계확보가 좋은 곳에 산천의 비보를 추구했지요. 물론 탑의 무게를 골고루 전달하기 위한 기단이 있으므로 천년세월을 버텼겠지요. 유일한 의장적 요소이기도 하고요. 주변의 나무들이 비보 기능을 가리고 있는 것 아닌지 염려됩니다. 탑 중심의 경관을 가로막고 있으니 말이에요.

1층 몸돌은 2~3층에 비해 높아 급격한 체감을 이뤄 가늘고 길어 안정감이 덜해 보입니다. 파격이라고 할까요. 바람소리가 잘 들린다면 이 때문일 겁니다. 서탑 1층 몸돌 안 청동함에서 직물, 지류, 목재편, 석제 완편 명패가 발견되어서 보존과학과 분석의 시간이 필요합니다. 석탑의 비밀을 문을 푸는 열쇠이기도 하니까요.

지붕돌 끝이 틀어져 있어 둔중함을 덜어내고 있고 추녀 귀마루 부분에 풍탁공(風鐸孔)도 있습니다. 눈 밝은 사람에게만 보입니다. 불시에 부는 바람에 따라 풍탁소리가 10리 사방으로 공기를 움직이니, 장엄한 소리를 듣는 모든 것들을 제도했을 겁니다. 아쉽지만 지금은 흔적만 있을 뿐입니다. 서탑은 몸돌이 없어져 새로 보충해 석재로 보수하였다는데, 언제 했는지는 알 수 없습니다. 동탑이나마 건재한 것이 다행입니다.

동서 쌍탑보다 사람들의 관심은 온통 용암사 일출과 운해입니다. 새벽예불이 끝날 때쯤 예측할 수 없는 자연이 만들어내는 신비 그 자체이지요. 옥천 9경 중 4경입니다. 백두산의 천지를 보려면 삼대가 덕을 쌓은 사람만 볼 수 있는 것처럼 기운과 날씨 인연이 맞아야 합니다. 내륙에서 구름이 춤을 추는 장면을 볼 수 있다는 것은 흔한 일이 아니지요. 일교차가 큰 봄 가을 절마당 앞 풍경은 생생한 수묵화를 보는 듯합니다.

망망대해에 산봉우리가 머리만 내놓은 사바세계(娑婆世界)는 운해 속 도피안(到彼岸)의 바다와 같아 번뇌를 잠시라도 내려놓게 합니다. 푸른 능선이던 돌남산, 함박산, 퇴미산, 철봉산이 내륙의 섬이 되는 순간입니다. 남해 보리암 운해는 잘 다스린 바람의 인연이 있어야 만날 수 있지만, 옥천 용암사의 운무는 그렇지 않습니다. 금강 물줄기가 주는 선물 같지만, 대청호 담수가 되면서 겹겹이 포위되었지요. 선계의 운무에 놀라서 민달팽이처럼 앉아 있어야 합니다. 옥천 들판을 다 덮을 운해를 뚫고 해가 뜨면 황금빛으로 물들입니다.

운해가 일렁이며 춤을 출 때마다 사람들은 열심히 셔터를 누르지만, 자연이 주는 몽환적 절경을 담을 수 없습니다. 멋진 운해가 담긴 사진은 차고도 넘칩니다. 장령산과 금강 물줄기가 만들어내는 기운이 매번 똑같지 않습니다. 때로는 연하거나 두텁게 오거나 운무를 뚫고 일어나는 해돋이는 온전하게 보는 분은 용암사 마애불뿐입니다.

> 한 폭의 산수화로 펼쳐지는 4경의 용암사
> 용암사 일출이 검붉은 여명 위로 용트림하면
> 일렁이는 운해 속의 천년 역사가
> 금빛 여의주로 차오르는 곳
> 붉은 물결 위로 차오르는 곳
>
> - 배정옥, 「옥천 9경의 노래」 부분

용암사가 옥천 9경에 선정된 지는 얼마 되지 않습니다. 알려진 사찰은 아니었지만, 용암사가 그중 4경에 선정된 것은 사찰을 오랫동안 지켜온 석탑이나 천년고찰의 숨결 때문이

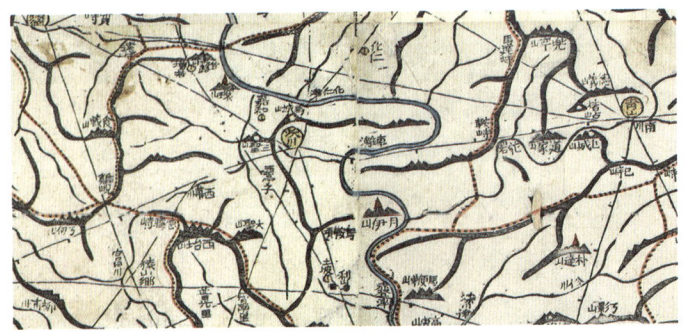

대동여지도. 옥천이 교통의 요지임을 알 수 있다. ⓒ서울대 규장각

아니라 일출과 운해가 큰 영향을 끼친 셈이지요. CNN에서 선정한 '우리나라에서 가봐야 할 50곳'에 38번 째에 용암사가 뽑힌 덕분이겠지요. 합천 해인사, 경주 불국사, 여주 신륵사와 함께 당당히 자리했으니 옥천사람들도 놀라지 않을 수 없었을 겁니다.

흰 물결이 지나면 붉은 물결이 오고 비가 오나 눈이 올 때도 묵묵히 제자리를 지킨 용암사 동서 삼층석탑은 외롭지 않게 묵언수행하고 있을 뿐입니다.

## 인용문헌

### 1장
**제천 한벽루**
성혼(成渾),「악학습령」(樂學拾零)
남학명(南鶴鳴),『유사군기(遊四郡記)』
강보호(姜浩溥),『상유사군산수기(上遊四郡山水記)』
주열(朱悅),『동문선(東文選)』권20
김정(金淨),『충암집(冲庵集)』
김시천,『청풍에 살던 나무』(제3문학사,1990)

**보은 피반령, 인산객사**
조경(趙絅),『동사록(東槎錄)』
조위(曺偉),『매계집(梅溪集)』
윤중호,『고향길』(문학과지성사,2005)
오장환,「편지」,(조선일보,1936.4.8.)
정진명,『회인에서 속리를 보다』(시선사,2012)

**영동 월유봉, 가학루**
정시한(丁時翰),『산중일기(山中日記)』
홍여하(洪汝河),『목재집(木齋集)』
김초혜,『사랑굿』(한국문학사,1989)
이직(李稷),『형재시집(亨齋詩集)』
서거정(徐居正),『사가집(四佳集)』

**제천 박달재**
오탁번,『비백』(세계사,2022)

### 2장
**음성매괴성모순례지**
Camille Buillon, 여동찬 옮김,『임가밀로 신부 회고록』(천주교감곡교회,1986)
도종환,『사월바다』(창작과비평사,2020)

**충주 하늘재**
박태순,『나의 국토 나의 산하 2』(한길사,2008)
김구용,『학음집(學吟集)』

**청주 남석교**
나태주,「한들한들」(밥북,2015)
오쿠마쇼지,『청주연혁지』(발행처 불명,1923)
배용길,『금역당집(琴易堂集)』
김득신,『백곡집(栢谷集)』
한병호,「무심천 둑길」(혜진서관,1993)

구곡의 나라 괴산
정한용,「흰꽃」(문학동네,2006)
황경원,「강한집(江漢集)」
도종환,「사람의 마을에 꽃이 진다」(문학동네,2006)
조정주,「다시 괴강에서」,뒷목문학 47집(2018)

### 3장
단양 도담삼봉
황준량,「금계집(錦溪集)」-이황의 제자 단양군수 지냄
남유용,「뇌연집(雷淵集)」
Isabella Bird Bishop,「Korea and Her Neighbours」,신복룡 옮김(집문당,2019)
김주대,「도담삼봉」(2020.3.18.)
도종환,「해인으로 가는 길」(문학동네,2014)

진천 영수사 괘불탱
한원진,「남당선생문집(南塘先生文集)」
채지홍,「봉암집(鳳巖集)」

괴산 마애이불병좌상
안상학,「안동소주」(실천문학사,1999)
김시종,「작은 새재,이화령」(보성,2013)

### 4장
충주 목계나루
김창협,「농암집(農巖集)」
조석윤,「낙정집(樂靜集)」
정호승,「외로우니까 사람이다」(열림원,2011)

청주 문산관
박노중,「창암집(滄庵集)」

영동 영국사
양문규,「영국사에는 범종이 없다」(실천문학사,2002)

옥천 용암사
배정옥,「용암사에서」(https://www.bzeronews.com/news/articleView.html?idxno=513102)
배정옥,「옥천 9경의 노래」(https://www.bzeronews.com/news/articleView.html?idxno=511052)

## 그림자를 옮기는 바람

초판 1쇄 발행 2025년 11월 30일

**지은이** 김덕근

**발행인** 방정원
**발행처** 도서출판 놀북
**등록** 제 573-2019-000011호
**주소** 충북 청주시 상당구 수영로162 101호
**전화** 010-2714-5200
**전자우편** nolbook35@naver.com

ISBN 979-11-91913-54-5(03800)

이 책은 충청북도, 충북문화재단의 후원을 받아
예술창작활동지원사업의 일환으로 발간되었습니다.